Dziennik danych strzelectwa sportowego

Ta książka należy do:

Ten wysokiej jakości, poręczny i łatwy w użyciu dziennik danych strzelectwa sportowego z nowoczesną i wysokiej jakości okładką dla strzelców, strzelców wyborowych i strzelców wyborowych został profesjonalnie zaprojektowany, aby pomóc Ci w szczegółowym rejestrowaniu daty, godziny, lokalizacji, broni palnej, rodzaju lunety, amunicji, głębokości siedzenia, Dystans, proszek, podkład, mosiądz, strony ze schematami.

Dziennik danych strzelectwa sportowego

📅 Data: _____________________ 🕐 Czas: _____________

📍 Lokalizacja: _____________________________________

Warunki pogodowe

☐ ☐ ☐ ☐ ☐ ☐ _______ _______

Strażak:	
Pocisk:	Głębokość siedzenia:
Proszek:	Ziarna:
Podkład:	
Mosiądz:	
Odległość:	

Wyniki ogólne

☐ zły   ☐ targi   ☐ dobra   ☐ doskonale

Uwagi dodatkowe

____

____

____

☆ ☆ ☆ ☆ ☆

Idealny pomysł na prezent dla początkujących i profesjonalistów

Dziennik danych strzelectwa sportowego

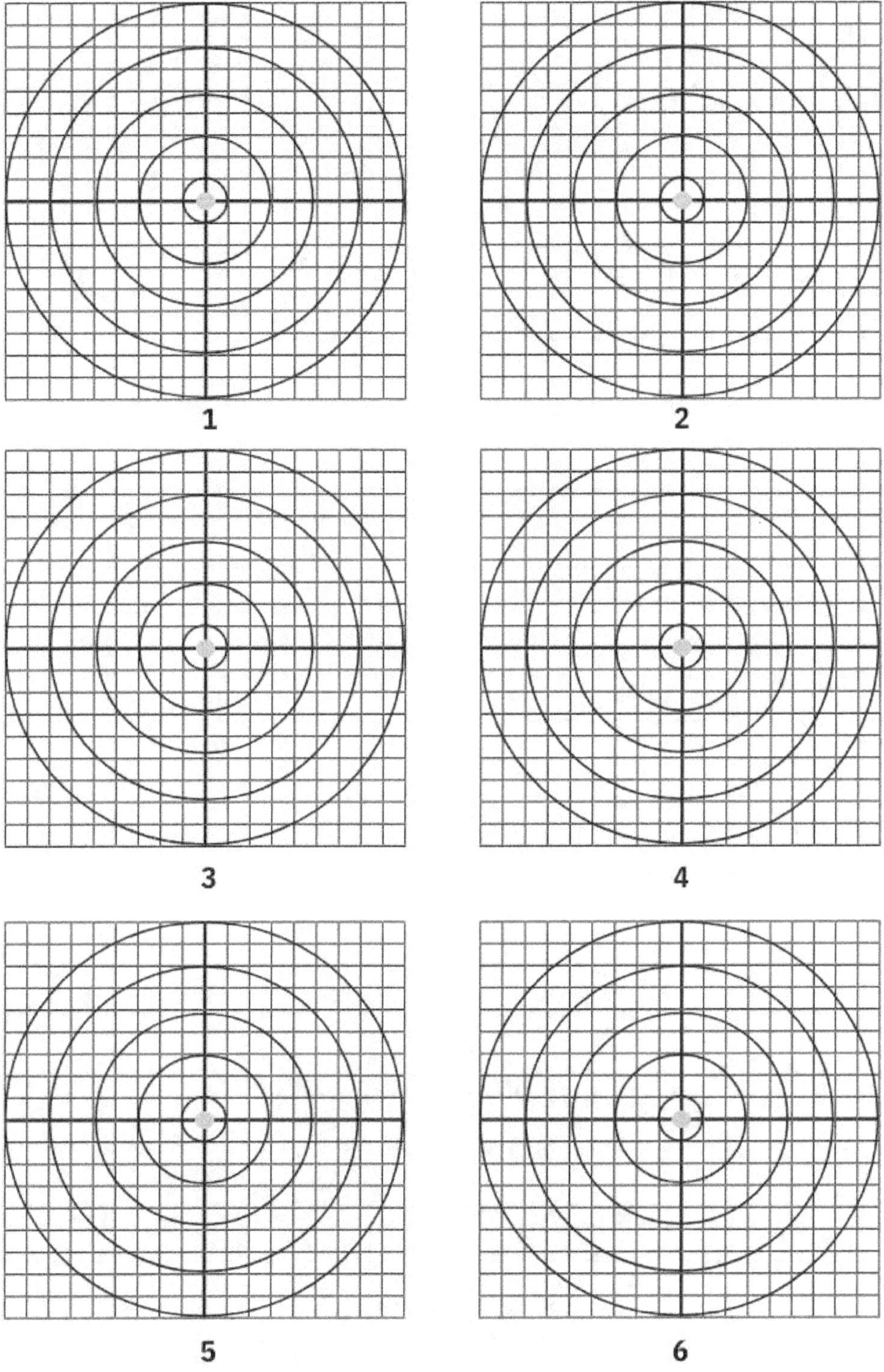

Idealny pomysł na prezent dla początkujących i profesjonalistów

Dziennik danych strzelectwa sportowego

📅 Data: _______________________ 🕐 Czas: _____________

📍 Lokalizacja: ____

Warunki pogodowe

☐   ☐   ☐   ☐   ☐   ☐   ______   ______

Strażak:	
Pocisk:	Głębokość siedzenia:
Proszek:	Ziarna:
Podkład:	
Mosiądz:	
Odległość:	

Wyniki ogólne

☐ zły   ☐ targi   ☐ dobra   ☐ doskonale

Uwagi dodatkowe

____

____

____

☆ ☆ ☆ ☆ ☆

Idealny pomysł na prezent dla początkujących i profesjonalistów

Dziennik danych strzelectwa sportowego

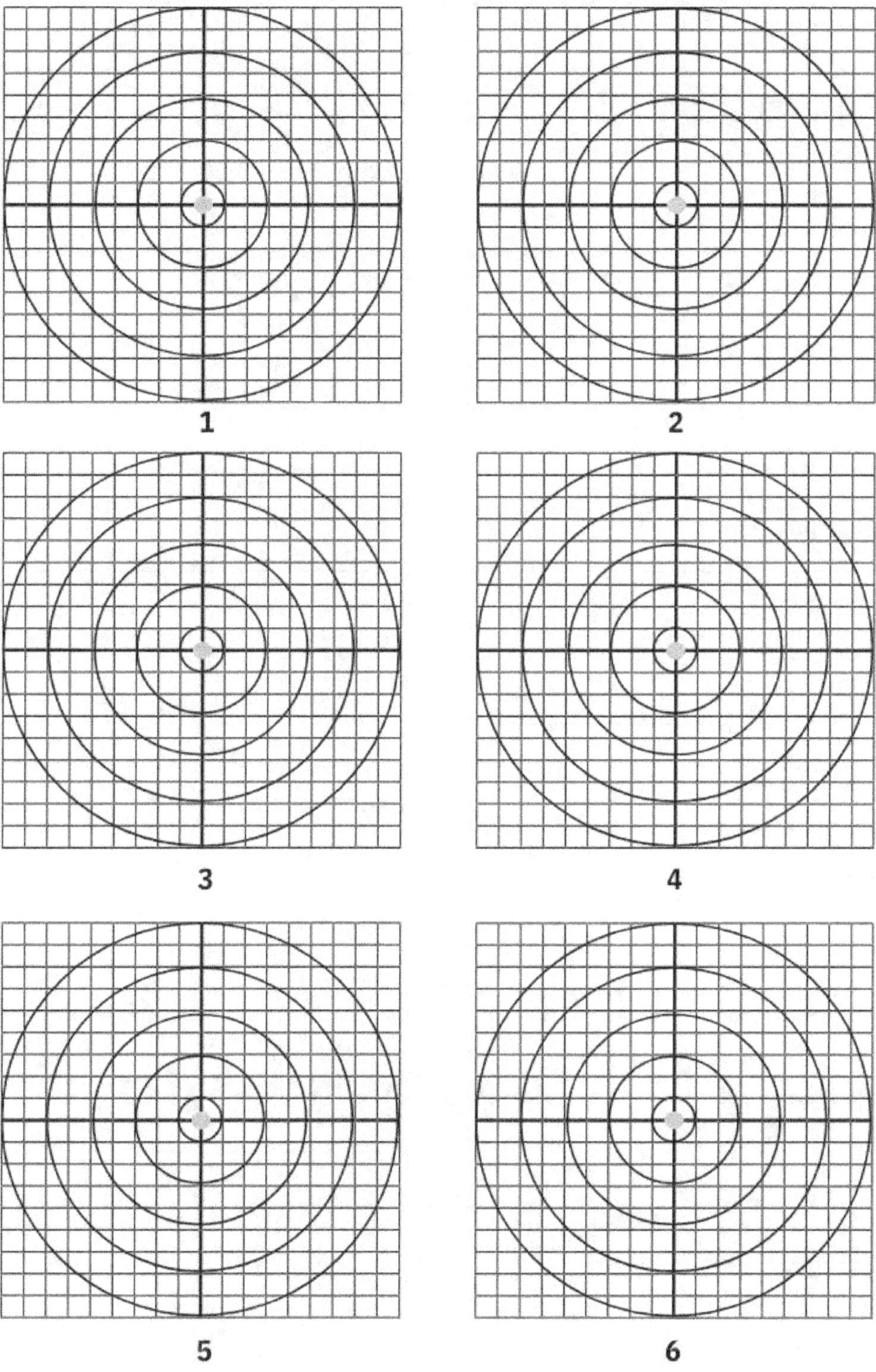

Idealny pomysł na prezent dla początkujących i profesjonalistów

Dziennik danych strzelectwa sportowego

📅 Data: _______________ 🕐 Czas: _______________

📍 Lokalizacja: _______________

Warunki pogodowe

☐ ☐ ☐ ☐ ☐ ☐ ⚑ _______ 🌡 _______

Strażak:	
Pocisk:	Głębokość siedzenia:
Proszek:	Ziarna:
Podkład:	
Mosiądz:	
Odległość:	

Wyniki ogólne

☐ zły　　☐ targi　　☐ dobra　　☐ doskonale

Uwagi dodatkowe

____

____

____

☆ ☆ ☆ ☆ ☆

Idealny pomysł na prezent dla początkujących i profesjonalistów

Dziennik danych strzelectwa sportowego

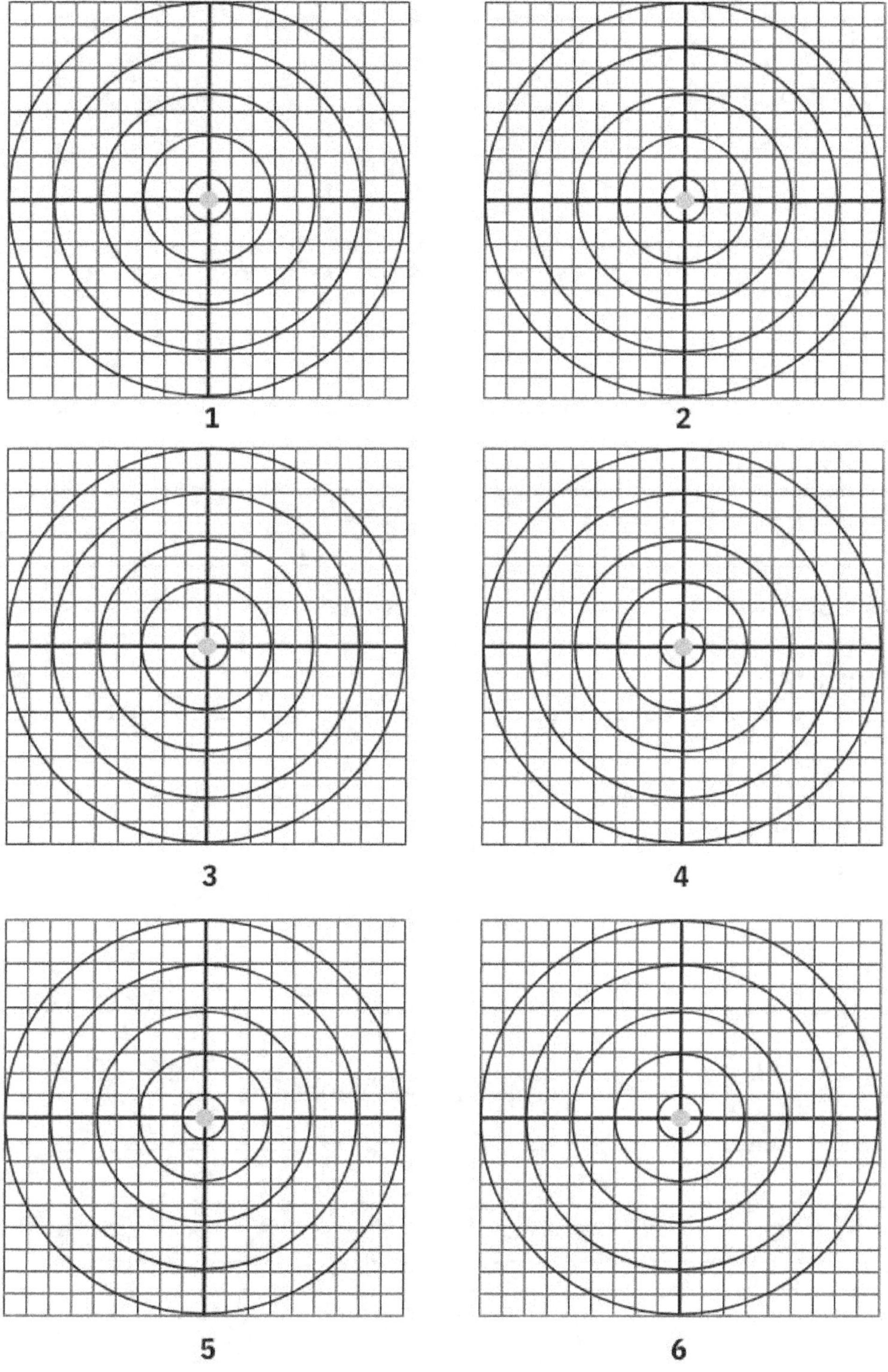

Idealny pomysł na prezent dla początkujących i profesjonalistów

Dziennik danych strzelectwa sportowego

🗓 Data: _______________________ 🕐 Czas: _______________

📍 Lokalizacja: _______________________________________

Warunki pogodowe

☐   ☐   ☐   ☐   ☐   ☐

Strażak:	
Pocisk:	Głębokość siedzenia:
Proszek:	Ziarna:
Podkład:	
Mosiądz:	
Odległość:	

Wyniki ogólne

☐ zły   ☐ targi   ☐ dobra   ☐ doskonale

Uwagi dodatkowe

____

____

____

☆ ☆ ☆ ☆ ☆

Idealny pomysł na prezent dla początkujących i profesjonalistów

Dziennik danych strzelectwa sportowego

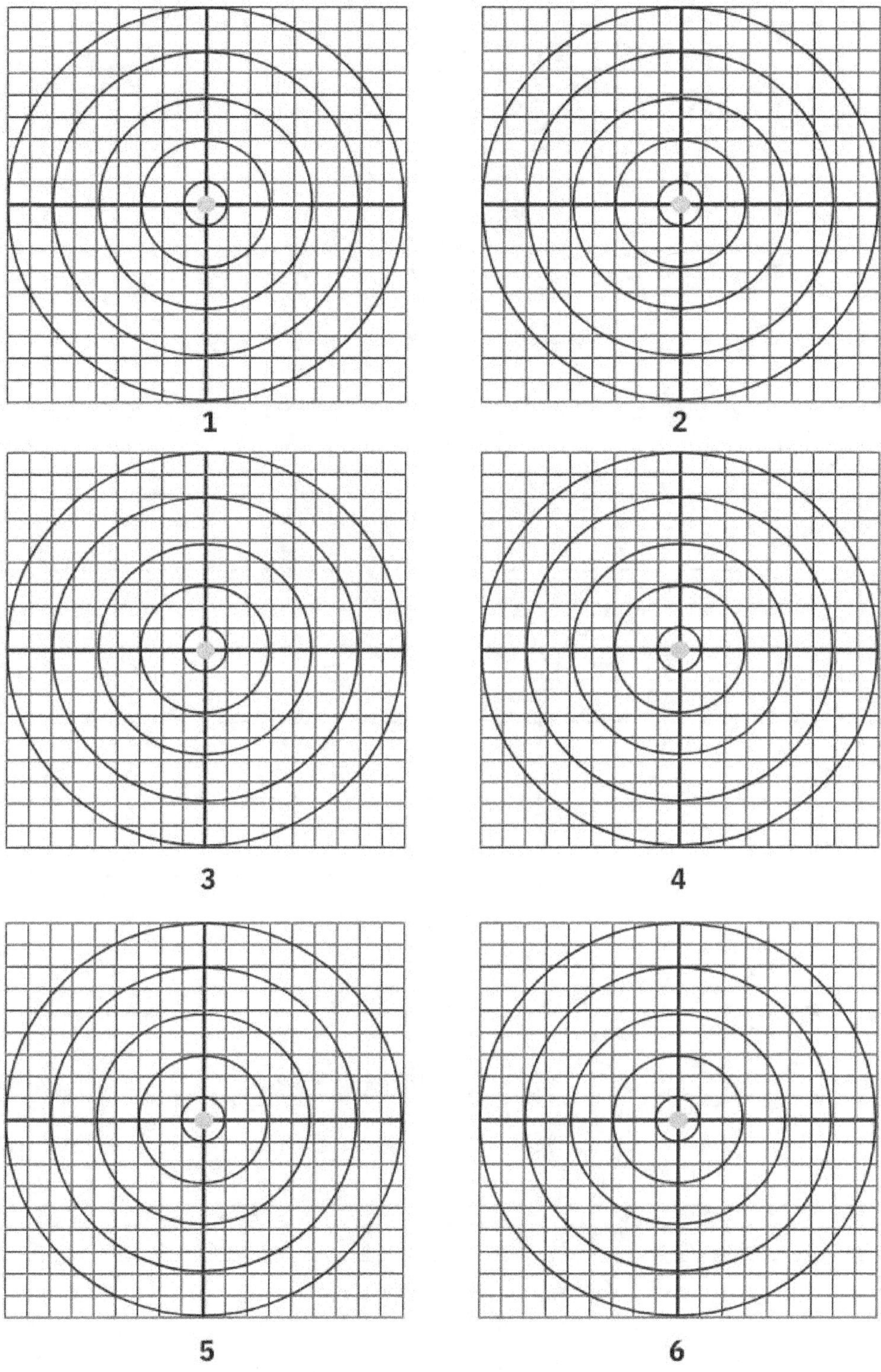

Idealny pomysł na prezent dla początkujących i profesjonalistów

Dziennik danych strzelectwa sportowego

📅 Data: _________________ 🕐 Czas: _________

📍 Lokalizacja: _______________________________

Warunki pogodowe

☐ ☐ ☐ ☐ ☐ ☐ ____ ____

Strażak:	
Pocisk:	Głębokość siedzenia:
Proszek:	Ziarna:
Podkład:	
Mosiądz:	
Odległość:	

Wyniki ogólne

☐ zły ☐ targi ☐ dobra ☐ doskonale

Uwagi dodatkowe

____

____

____

☆ ☆ ☆ ☆ ☆

Idealny pomysł na prezent dla początkujących i profesjonalistów

Dziennik danych strzelectwa sportowego

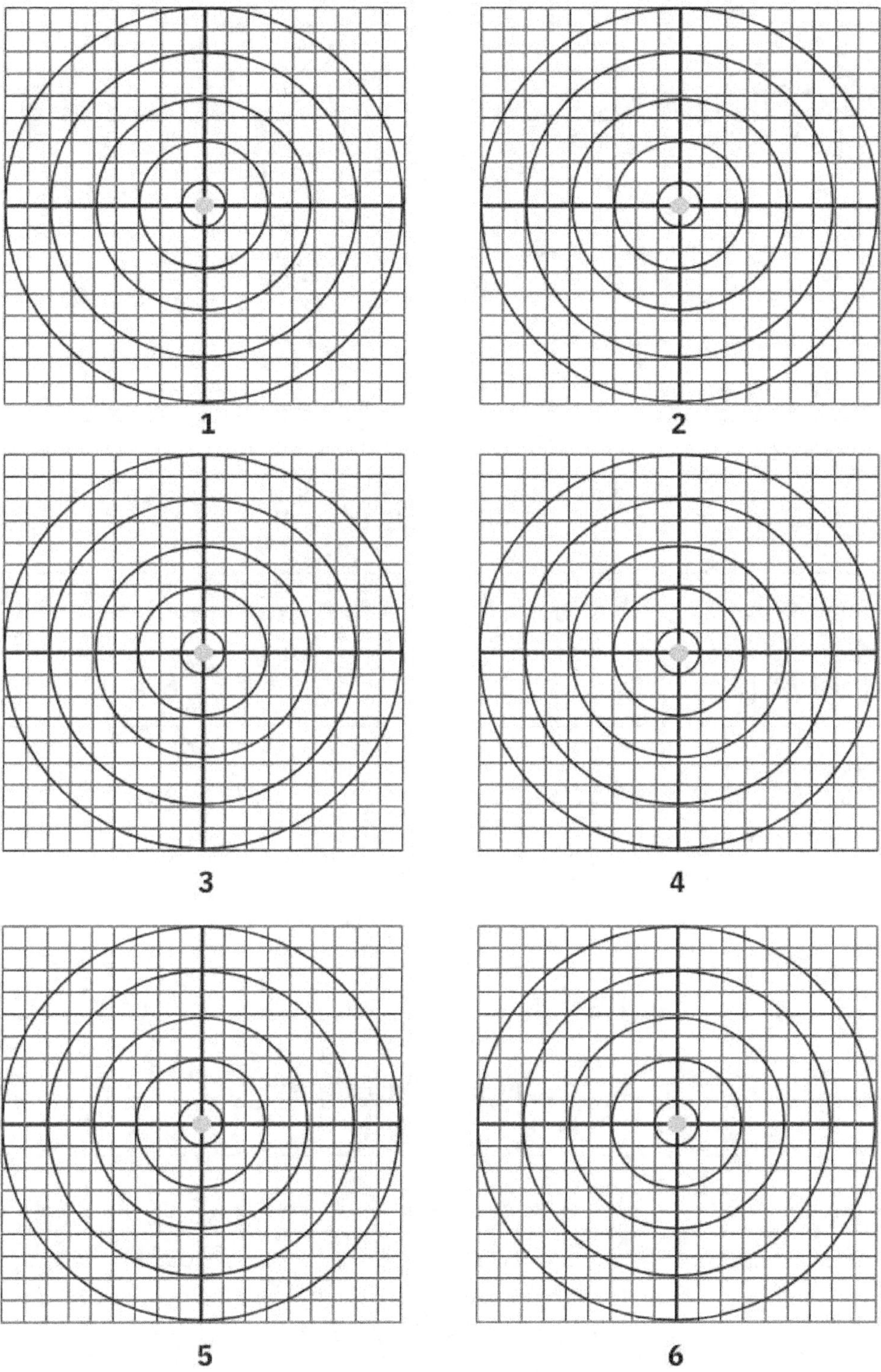

Idealny pomysł na prezent dla początkujących i profesjonalistów

Dziennik danych strzelectwa sportowego

📅 Data: _________________________ 🕐 Czas: _________________

📍 Lokalizacja: ____

Warunki pogodowe

☐   ☐   ☐   ☐   ☐   ☐   _______   _______

Strażak:	
Pocisk:	Głębokość siedzenia:
Proszek:	Ziarna:
Podkład:	
Mosiądz:	
Odległość:	

Wyniki ogólne

☐ zły   ☐ targi   ☐ dobra   ☐ doskonale

Uwagi dodatkowe

____

____

____

☆ ☆ ☆ ☆ ☆

Idealny pomysł na prezent dla początkujących i profesjonalistów

Dziennik danych strzelectwa sportowego

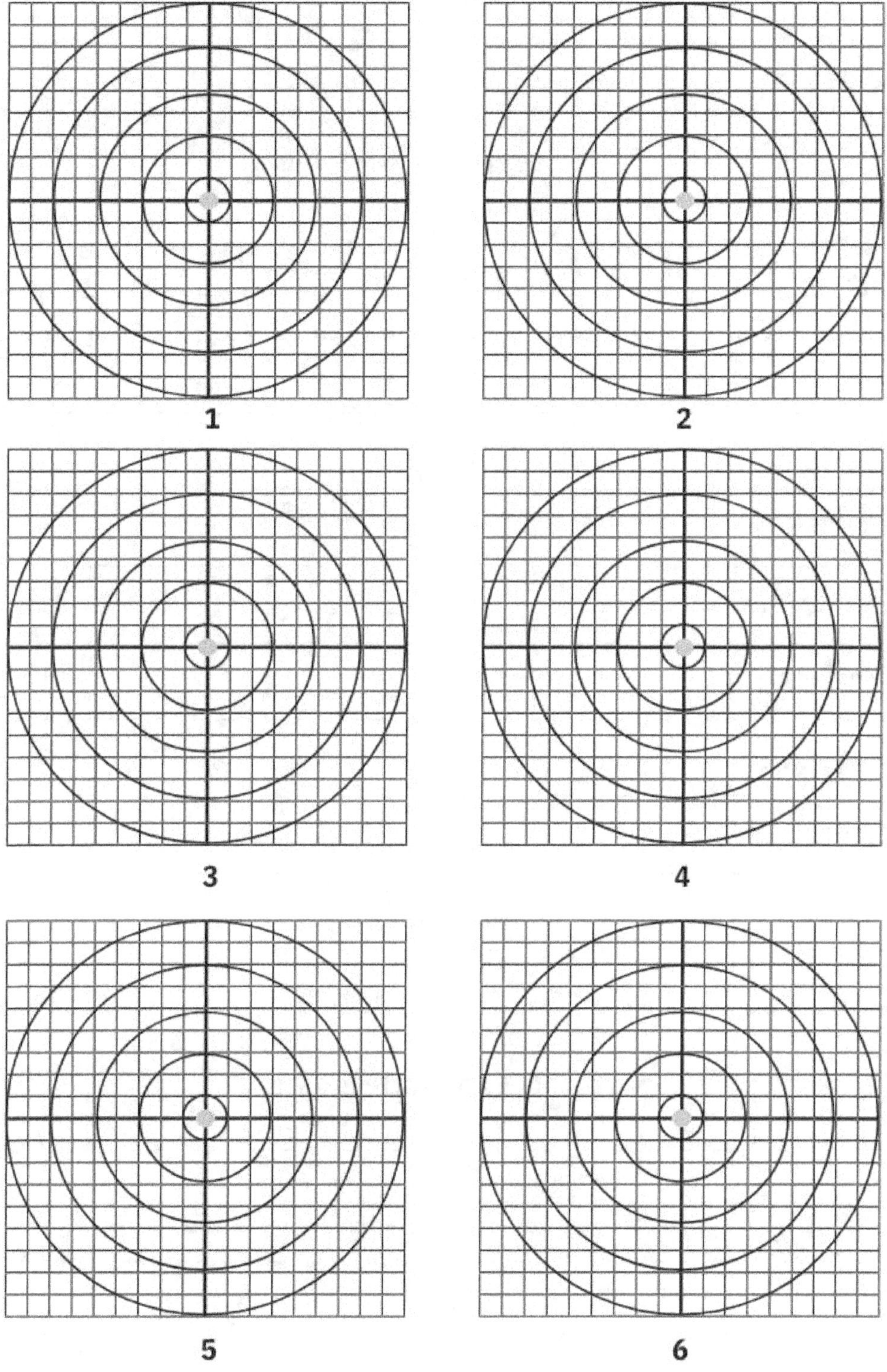

Idealny pomysł na prezent dla początkujących i profesjonalistów

Dziennik danych strzelectwa sportowego

📅 Data: _______________ 🕐 Czas: _______________

📍 Lokalizacja: _______________________________

Warunki pogodowe

☐   ☐   ☐   ☐   ☐   ☐   ▷ _______   🌡 _______

Strażak:	
Pocisk:	Głębokość siedzenia:
Proszek:	Ziarna:
Podkład:	
Mosiądz:	
Odległość:	

Wyniki ogólne

☐ zły   ☐ targi   ☐ dobra   ☐ doskonale

Uwagi dodatkowe

____

____

____

☆ ☆ ☆ ☆ ☆

Idealny pomysł na prezent dla początkujących i profesjonalistów

Dziennik danych strzelectwa sportowego

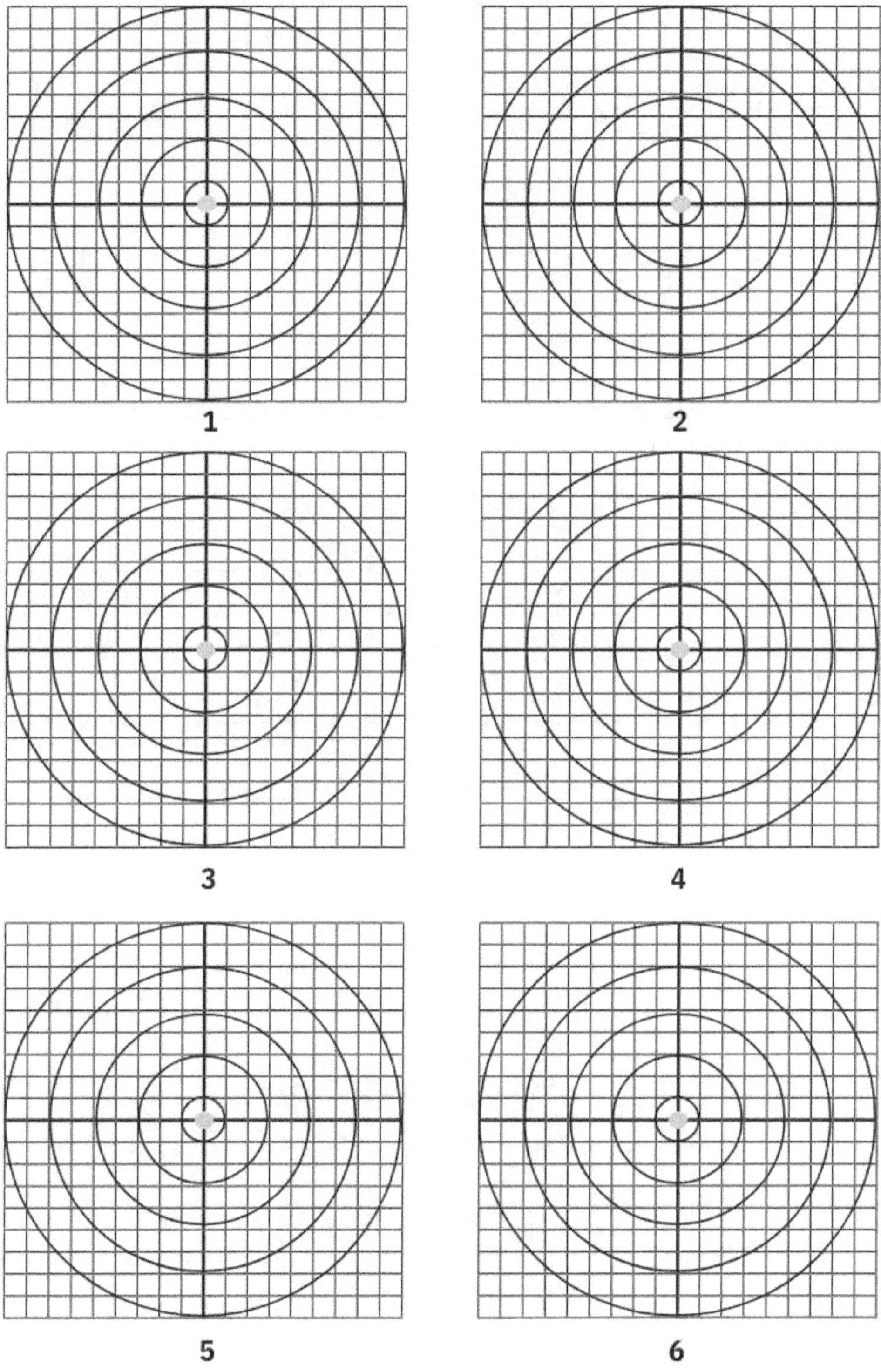

Idealny pomysł na prezent dla początkujących i profesjonalistów

Dziennik danych strzelectwa sportowego

📅 Data: _______________   🕐 Czas: _______________

📍 Lokalizacja: _______________________________

Warunki pogodowe

☐   ☐   ☐   ☐   ☐   ☐   ___   ___

Strażak:	
Pocisk:	Głębokość siedzenia:
Proszek:	Ziarna:
Podkład:	
Mosiądz:	
Odległość:	

Wyniki ogólne

☐ zły   ☐ targi   ☐ dobra   ☐ doskonale

Uwagi dodatkowe

____

____

____

☆ ☆ ☆ ☆ ☆

Idealny pomysł na prezent dla początkujących i profesjonalistów

Dziennik danych strzelectwa sportowego

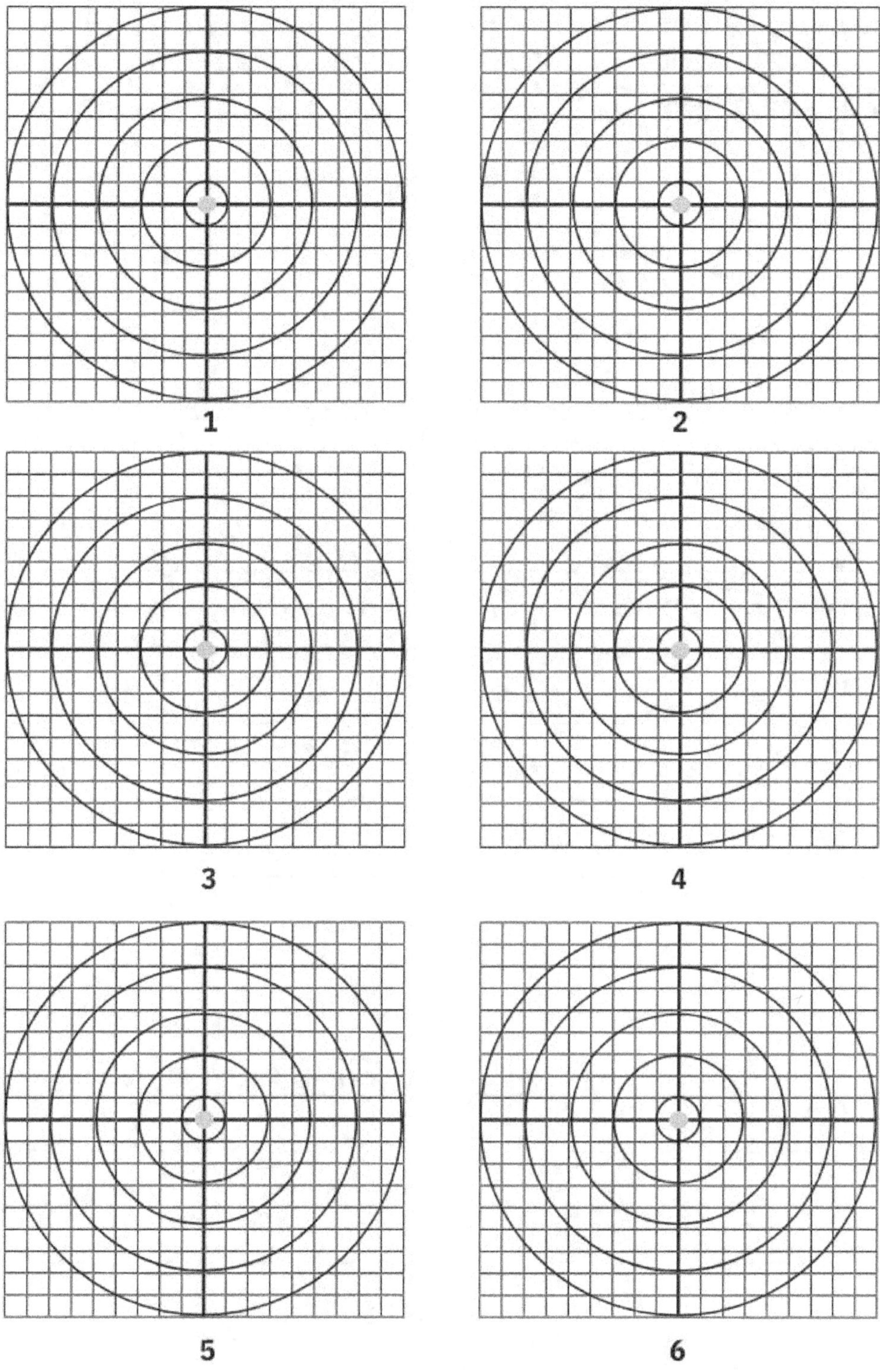

Idealny pomysł na prezent dla początkujących i profesjonalistów

Dziennik danych strzelectwa sportowego

📅 Data: _______________________ 🕐 Czas: _____________

📍 Lokalizacja: ____

Warunki pogodowe

☀ ☐   ⛅ ☐   🌤 ☐   🌦 ☐   🌧 ☐   🌨 ☐   🚩 _______   🌡 _______

Strażak:	
Pocisk:	Głębokość siedzenia:
Proszek:	Ziarna:
Podkład:	
Mosiądz:	
Odległość:	

Wyniki ogólne

☐ zły   ☐ targi   ☐ dobra   ☐ doskonale

Uwagi dodatkowe

____

____

____

☆ ☆ ☆ ☆ ☆

Idealny pomysł na prezent dla początkujących i profesjonalistów

Dziennik danych strzelectwa sportowego

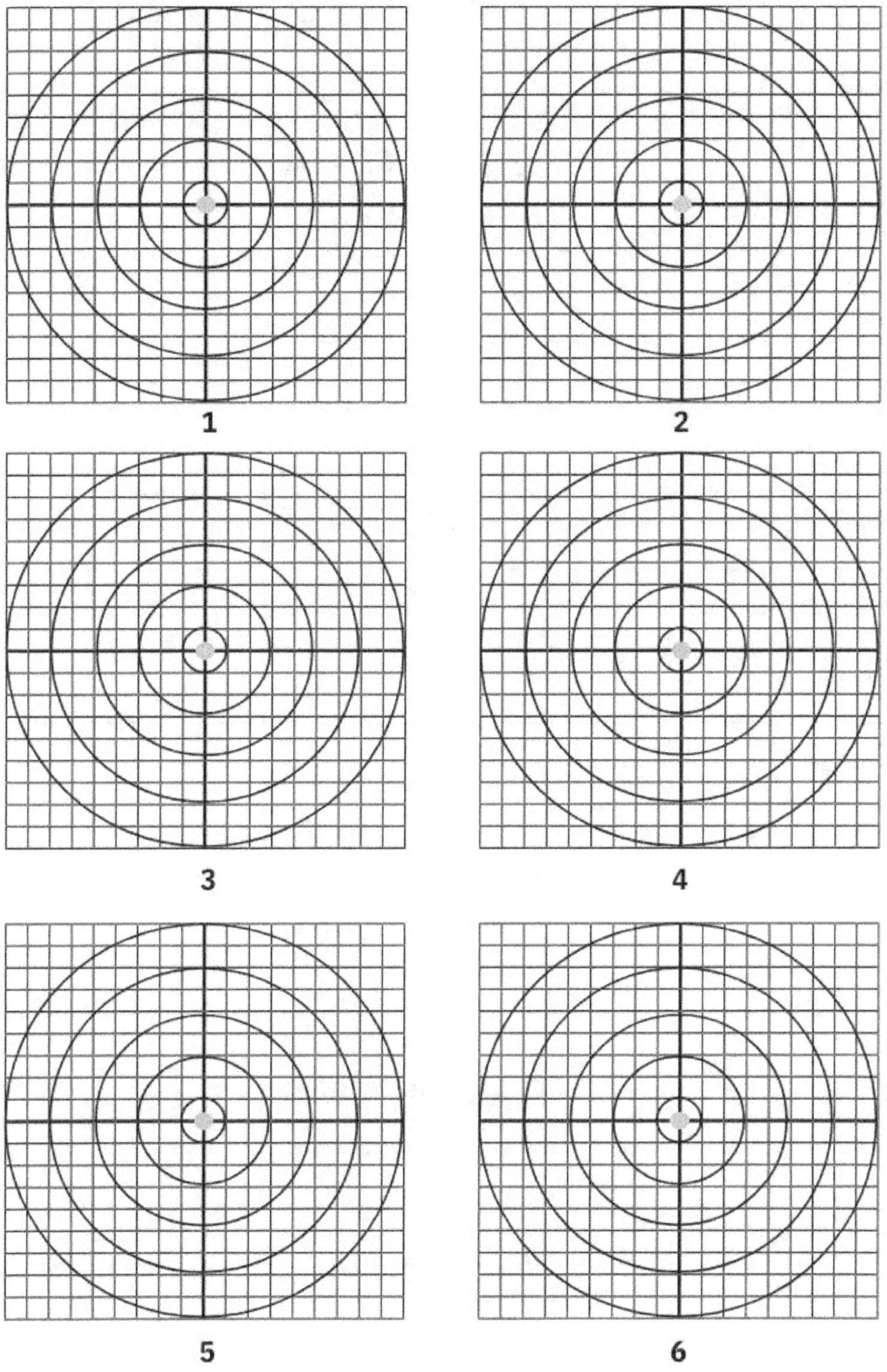

Idealny pomysł na prezent dla początkujących i profesjonalistów

Dziennik danych strzelectwa sportowego

📅 Data: _______________ 🕐 Czas: _______________

📍 Lokalizacja: _______________________________

Warunki pogodowe

☐　　☐　　☐　　☐　　　☐　　　☐　　　________　　________

Strażak:	
Pocisk:	Głębokość siedzenia:
Proszek:	Ziarna:
Podkład:	
Mosiądz:	
Odległość:	

Wyniki ogólne

☐ zły　　　☐ targi　　　☐ dobra　　　☐ doskonale

Uwagi dodatkowe

____

____

____

☆ ☆ ☆ ☆ ☆

Idealny pomysł na prezent dla początkujących i profesjonalistów

Dziennik danych strzelectwa sportowego

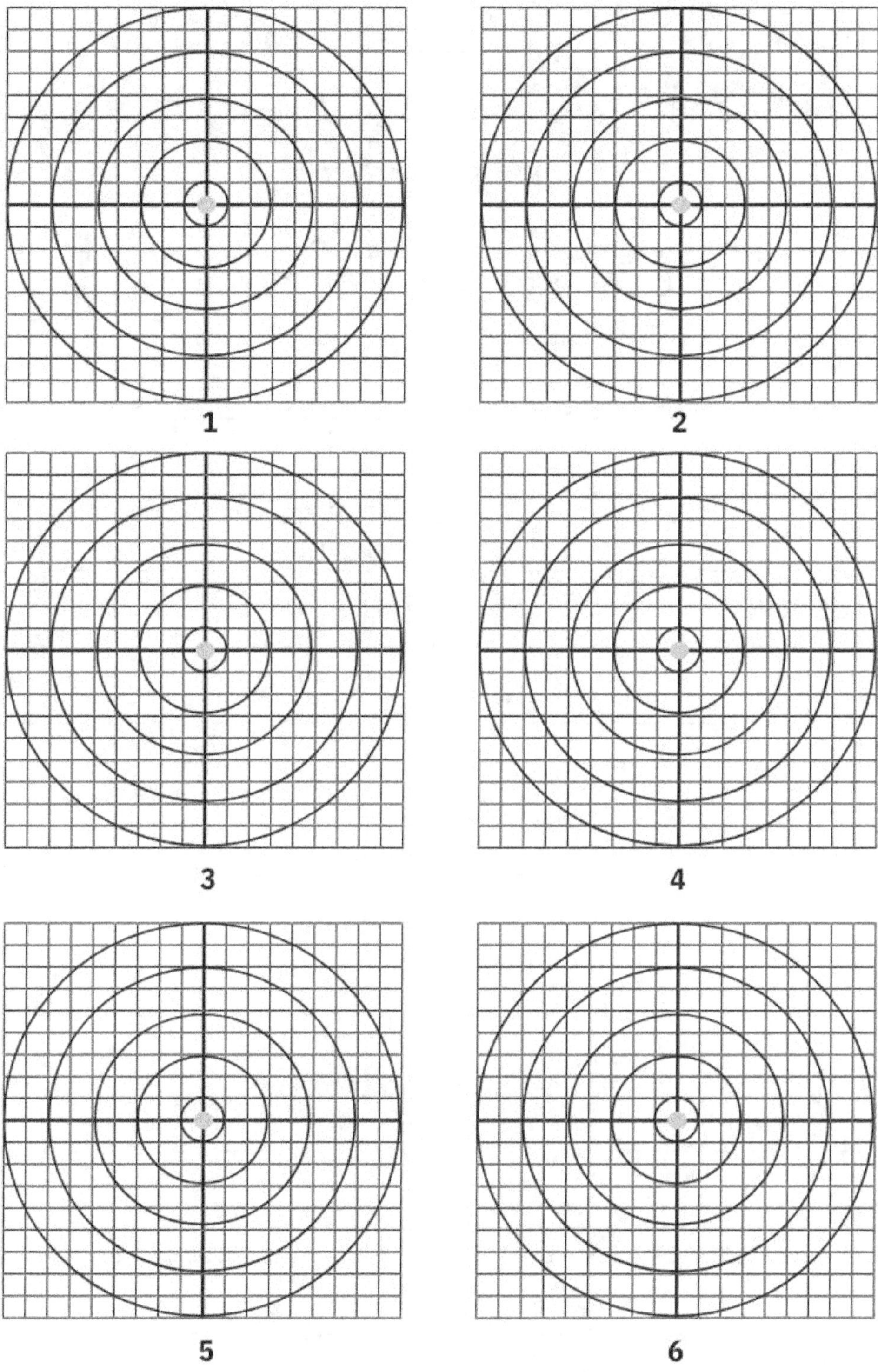

Idealny pomysł na prezent dla początkujących i profesjonalistów

Dziennik danych strzelectwa sportowego

📅 Data: _______________   🕐 Czas: _______________

📍 Lokalizacja: _______________________________

Warunki pogodowe

☐ ☐ ☐ ☐ ☐ ☐ _______ _______

Strażak:	
Pocisk:	Głębokość siedzenia:
Proszek:	Ziarna:
Podkład:	
Mosiądz:	
Odległość:	

Wyniki ogólne

☐ zły   ☐ targi   ☐ dobra   ☐ doskonale

Uwagi dodatkowe

____

____

____

☆ ☆ ☆ ☆ ☆

Idealny pomysł na prezent dla początkujących i profesjonalistów

Dziennik danych strzelectwa sportowego

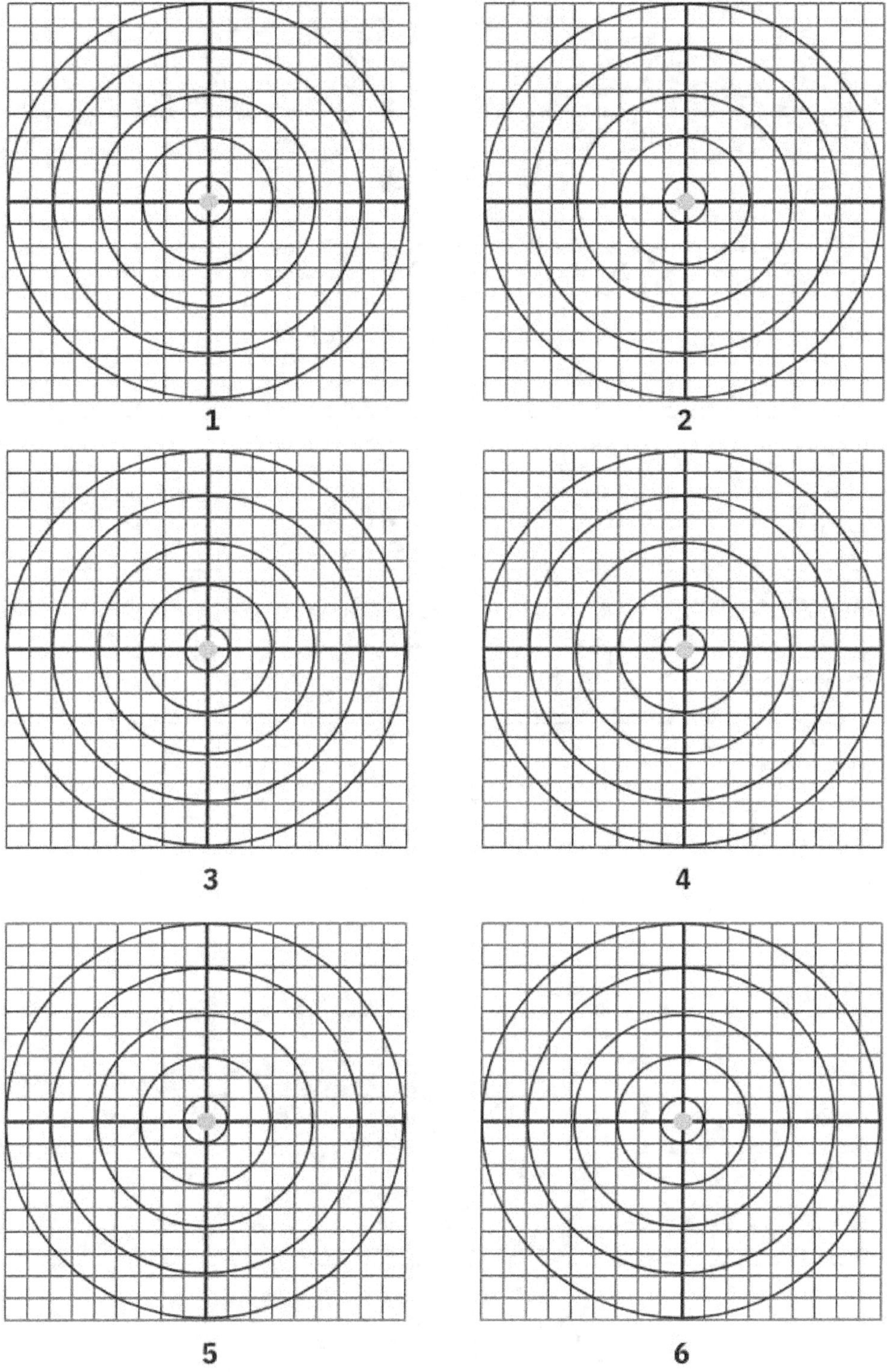

Idealny pomysł na prezent dla początkujących i profesjonalistów

Dziennik danych strzelectwa sportowego

📅 Data: _______________   🕐 Czas: _________

📍 Lokalizacja: _________________________________

Warunki pogodowe

☐   ☐   ☐   ☐   ☐   ☐   ___   ___

Strażak:	
Pocisk:	Głębokość siedzenia:
Proszek:	Ziarna:
Podkład:	
Mosiądz:	
Odległość:	

Wyniki ogólne

☐ zły   ☐ targi   ☐ dobra   ☐ doskonale

Uwagi dodatkowe

____

____

____

☆ ☆ ☆ ☆ ☆

Idealny pomysł na prezent dla początkujących i profesjonalistów

Dziennik danych strzelectwa sportowego

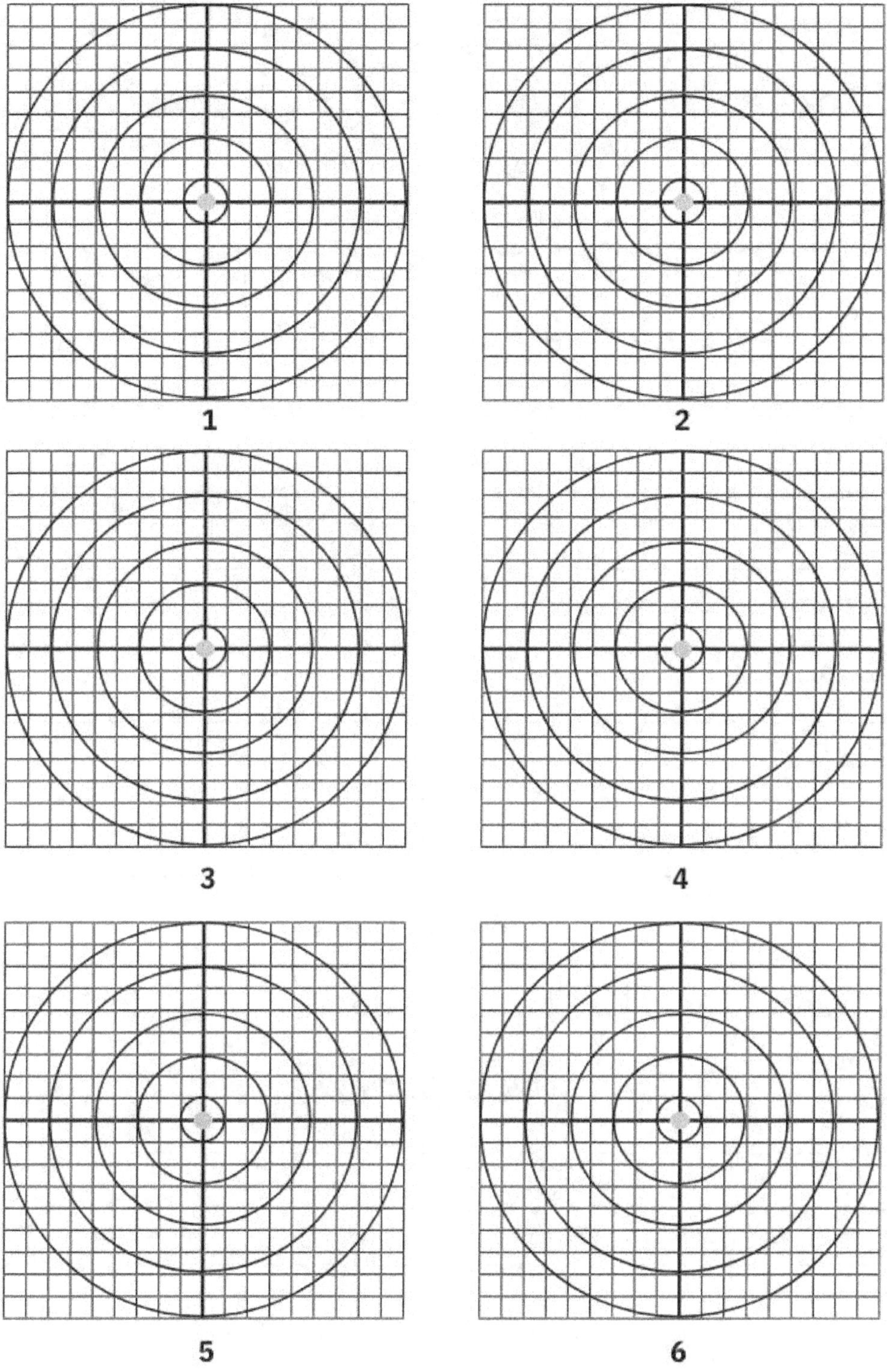

Idealny pomysł na prezent dla początkujących i profesjonalistów

Dziennik danych strzelectwa sportowego

📅 Data: _______________________   🕐 Czas: _______________

📍 Lokalizacja: ____

Warunki pogodowe

☐   ☐   ☐   ☐   ☐   ☐   ▷ ______   🌡 ______

Strażak:	
Pocisk:	Głębokość siedzenia:
Proszek:	Ziarna:
Podkład:	
Mosiądz:	
Odległość:	

Wyniki ogólne

☐ zły   ☐ targi   ☐ dobra   ☐ doskonale

Uwagi dodatkowe

____

____

____

☆ ☆ ☆ ☆ ☆

Idealny pomysł na prezent dla początkujących i profesjonalistów

Dziennik danych strzelectwa sportowego

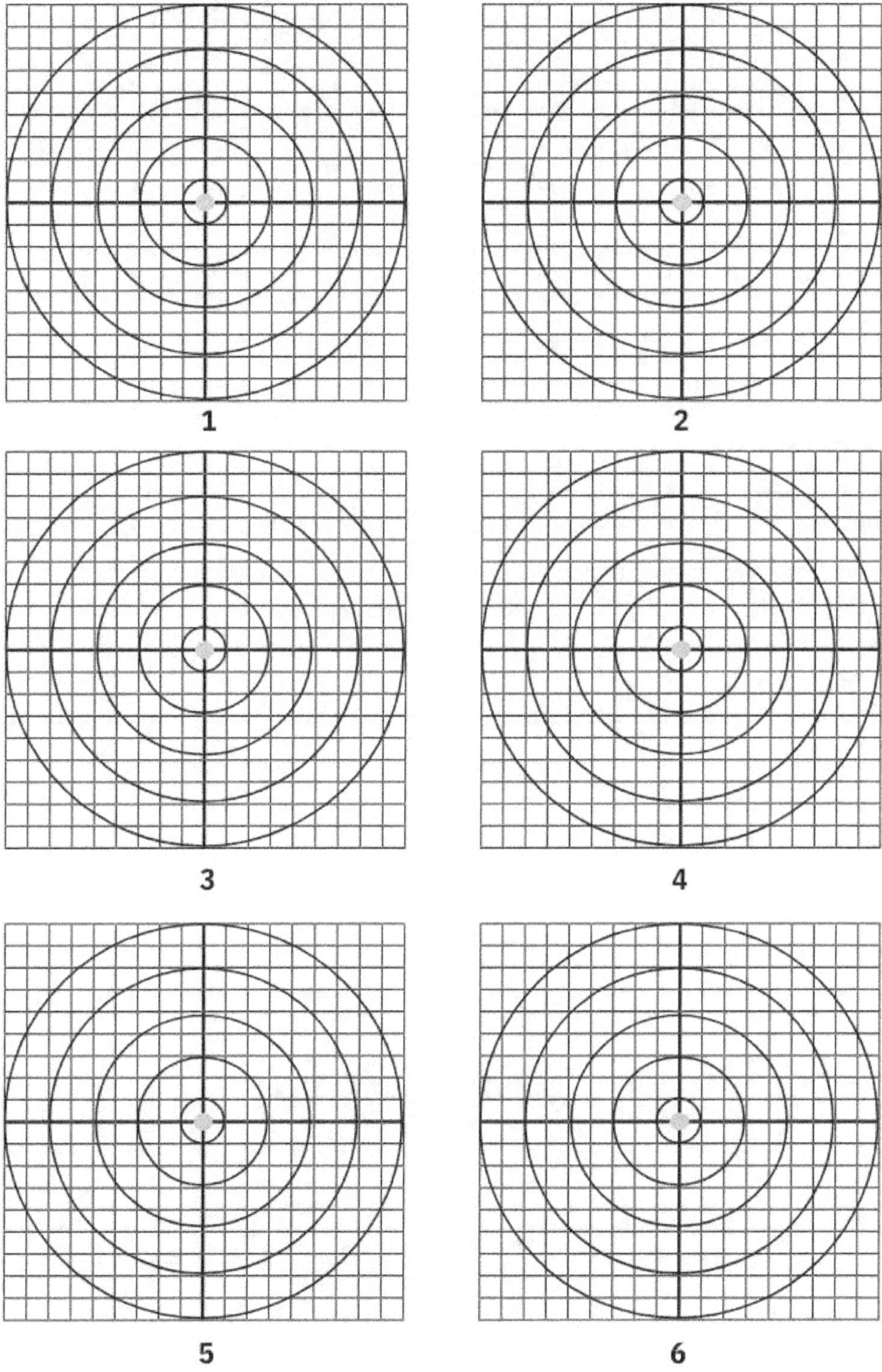

Idealny pomysł na prezent dla początkujących i profesjonalistów

Dziennik danych strzelectwa sportowego

📅 Data: _________________________ 🕐 Czas: _____________

📍 Lokalizacja: ____

Warunki pogodowe

☐   ☐   ☐   ☐   ☐   ☐

Strażak:	
Pocisk:	Głębokość siedzenia:
Proszek:	Ziarna:
Podkład:	
Mosiądz:	
Odległość:	

Wyniki ogólne

☐ zły   ☐ targi   ☐ dobra   ☐ doskonale

Uwagi dodatkowe

____

____

____

☆ ☆ ☆ ☆ ☆

Idealny pomysł na prezent dla początkujących i profesjonalistów

Dziennik danych strzelectwa sportowego

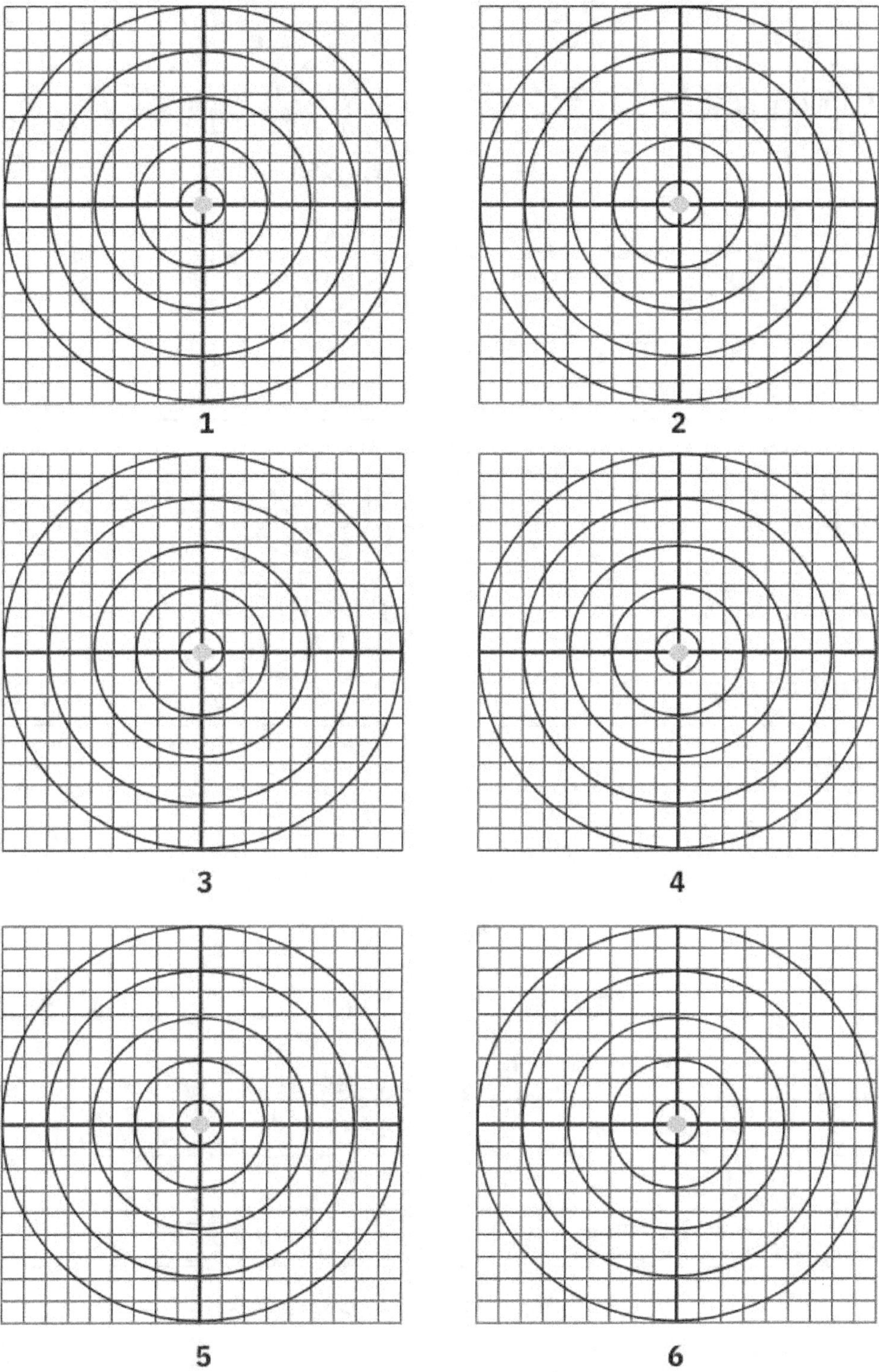

Idealny pomysł na prezent dla początkujących i profesjonalistów

Dziennik danych strzelectwa sportowego

📅 Data: _______________ 🕐 Czas: _______________

📍 Lokalizacja: _______________

Warunki pogodowe

☐   ☐   ☐   ☐   ☐   ☐   _______   _______

Strażak:	
Pocisk:	Głębokość siedzenia:
Proszek:	Ziarna:
Podkład:	
Mosiądz:	
Odległość:	

Wyniki ogólne

☐ zły   ☐ targi   ☐ dobra   ☐ doskonale

Uwagi dodatkowe

____

____

____

☆ ☆ ☆ ☆ ☆

Idealny pomysł na prezent dla początkujących i profesjonalistów

Dziennik danych strzelectwa sportowego

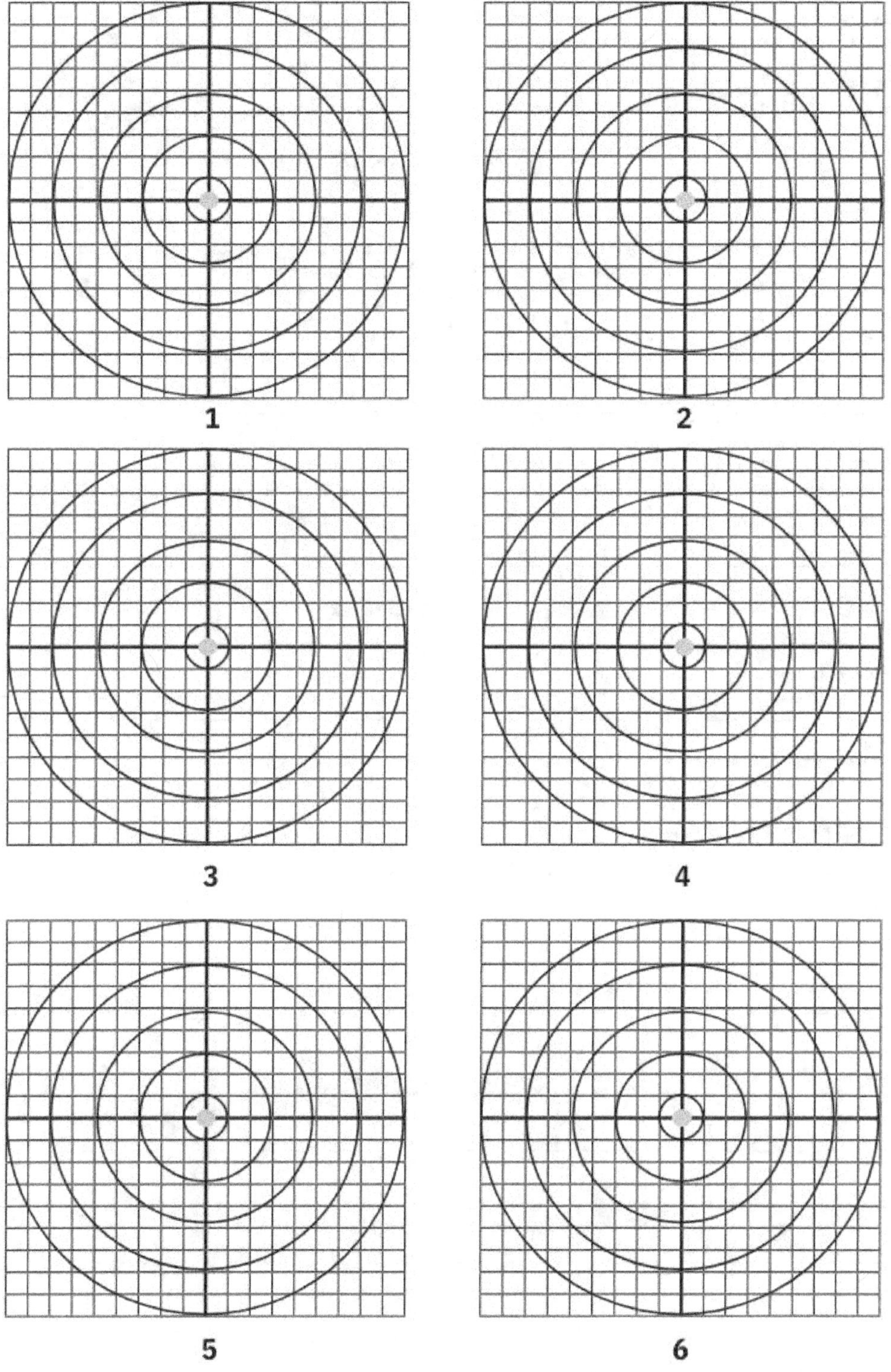

Idealny pomysł na prezent dla początkujących i profesjonalistów

Dziennik danych strzelectwa sportowego

📅 Data: _______________ 🕐 Czas: _______________

📍 Lokalizacja: _______________

Warunki pogodowe

☐   ☐   ☐   ☐   ☐   ☐

Strażak:	
Pocisk:	Głębokość siedzenia:
Proszek:	Ziarna:
Podkład:	
Mosiądz:	
Odległość:	

Wyniki ogólne

☐ zły   ☐ targi   ☐ dobra   ☐ doskonale

Uwagi dodatkowe

____

____

____

☆ ☆ ☆ ☆ ☆

Idealny pomysł na prezent dla początkujących i profesjonalistów

Dziennik danych strzelectwa sportowego

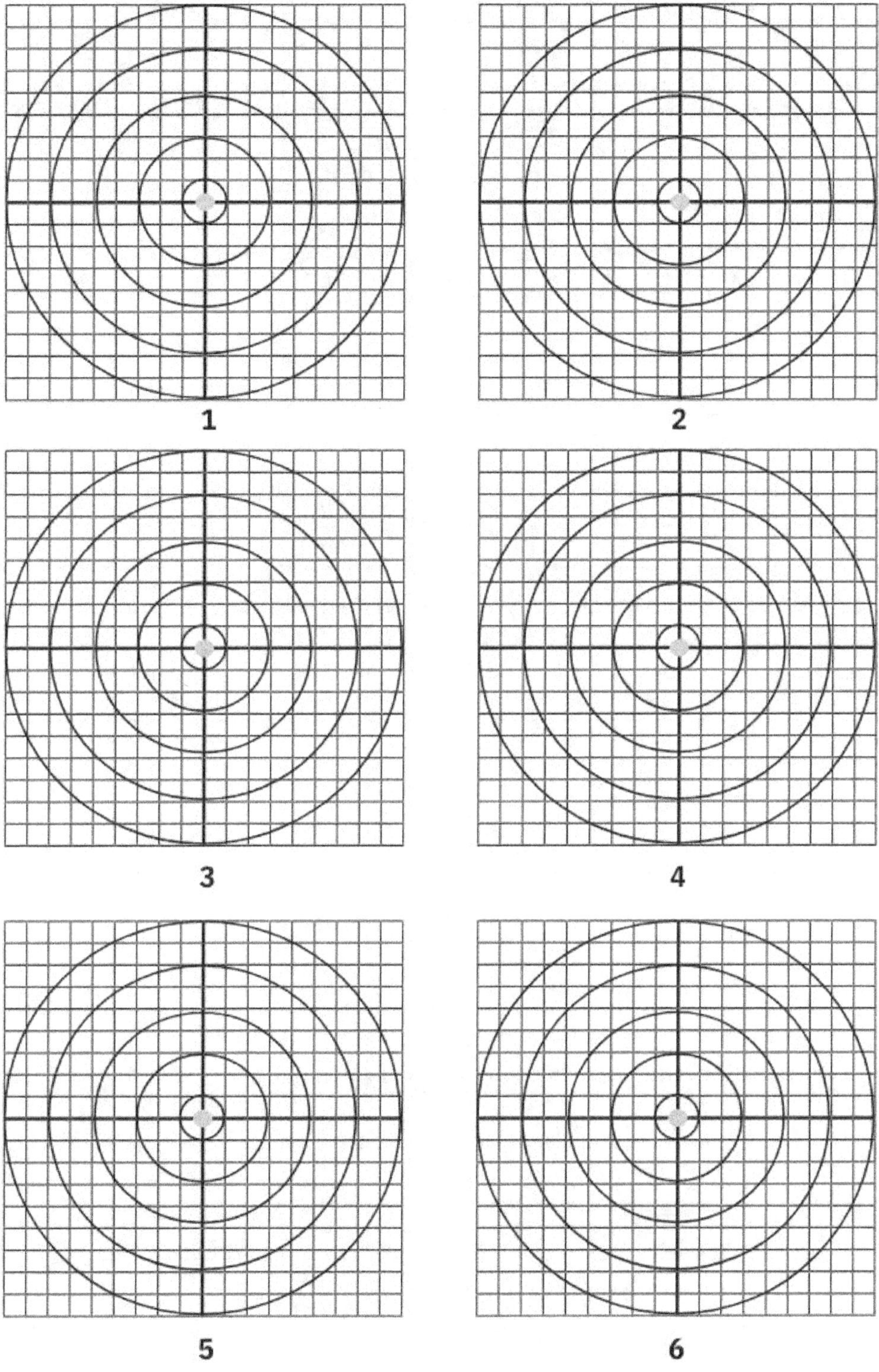

Idealny pomysł na prezent dla początkujących i profesjonalistów

Dziennik danych strzelectwa sportowego

📅 Data: _______________________ 🕐 Czas: ___________

📍 Lokalizacja: _______________________________________

Warunki pogodowe

☐   ☐   ☐   ☐   ☐   ☐   _______   _______

Strażak:	
Pocisk:	Głębokość siedzenia:
Proszek:	Ziarna:
Podkład:	
Mosiądz:	
Odległość:	

Wyniki ogólne

☐ zły   ☐ targi   ☐ dobra   ☐ doskonale

Uwagi dodatkowe

____

____

____

☆ ☆ ☆ ☆ ☆

Idealny pomysł na prezent dla początkujących i profesjonalistów

Dziennik danych strzelectwa sportowego

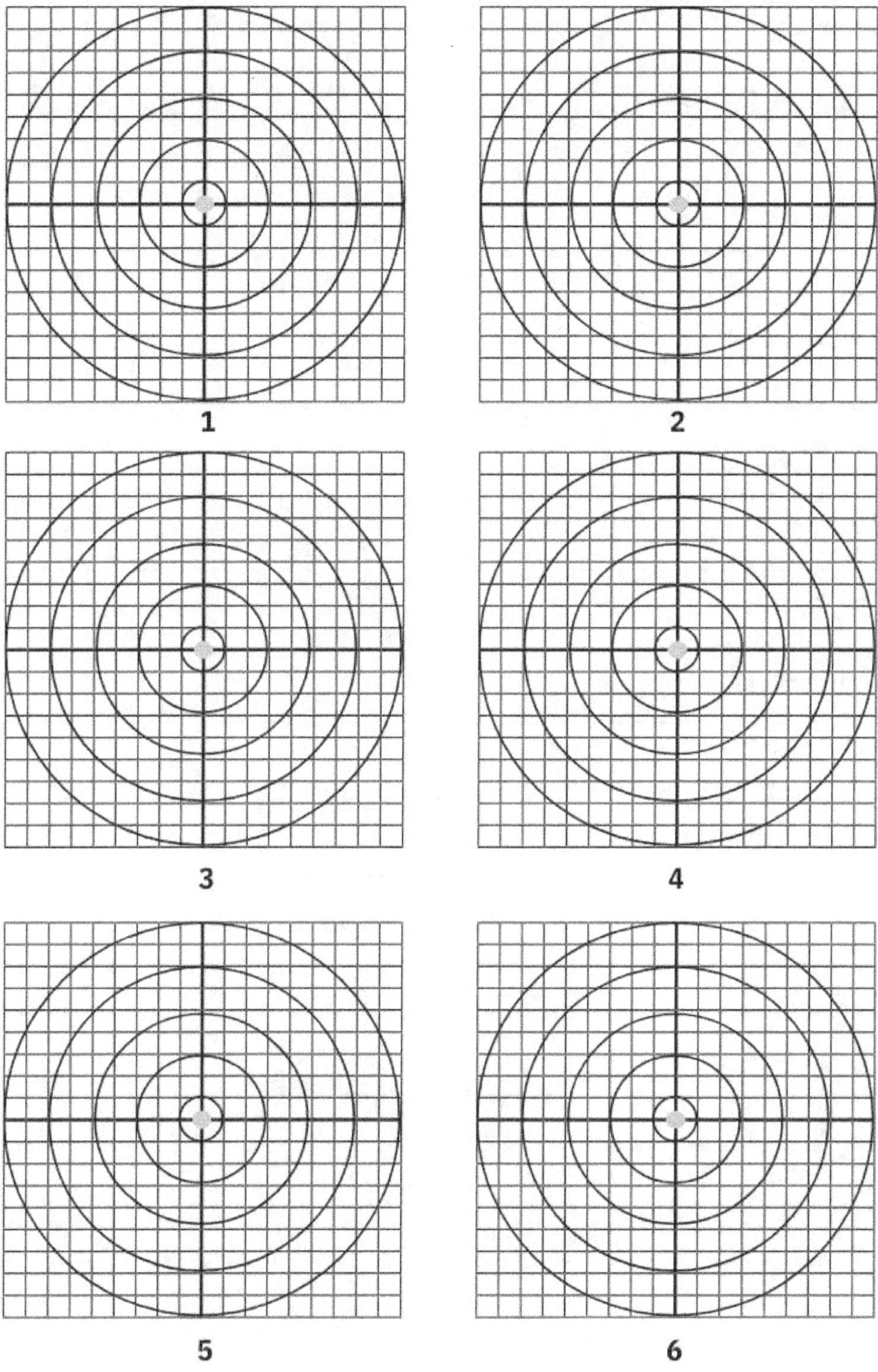

Idealny pomysł na prezent dla początkujących i profesjonalistów

Dziennik danych strzelectwa sportowego

📅 Data: _____________________   🕐 Czas: __________

📍 Lokalizacja: _______________________________

Warunki pogodowe

☐   ☐   ☐   ☐   ☐   ☐   ________   ________

Strażak:	
Pocisk:	Głębokość siedzenia:
Proszek:	Ziarna:
Podkład:	
Mosiądz:	
Odległość:	

Wyniki ogólne

☐ zły   ☐ targi   ☐ dobra   ☐ doskonale

Uwagi dodatkowe

____

____

____

☆ ☆ ☆ ☆ ☆

Idealny pomysł na prezent dla początkujących i profesjonalistów

Dziennik danych strzelectwa sportowego

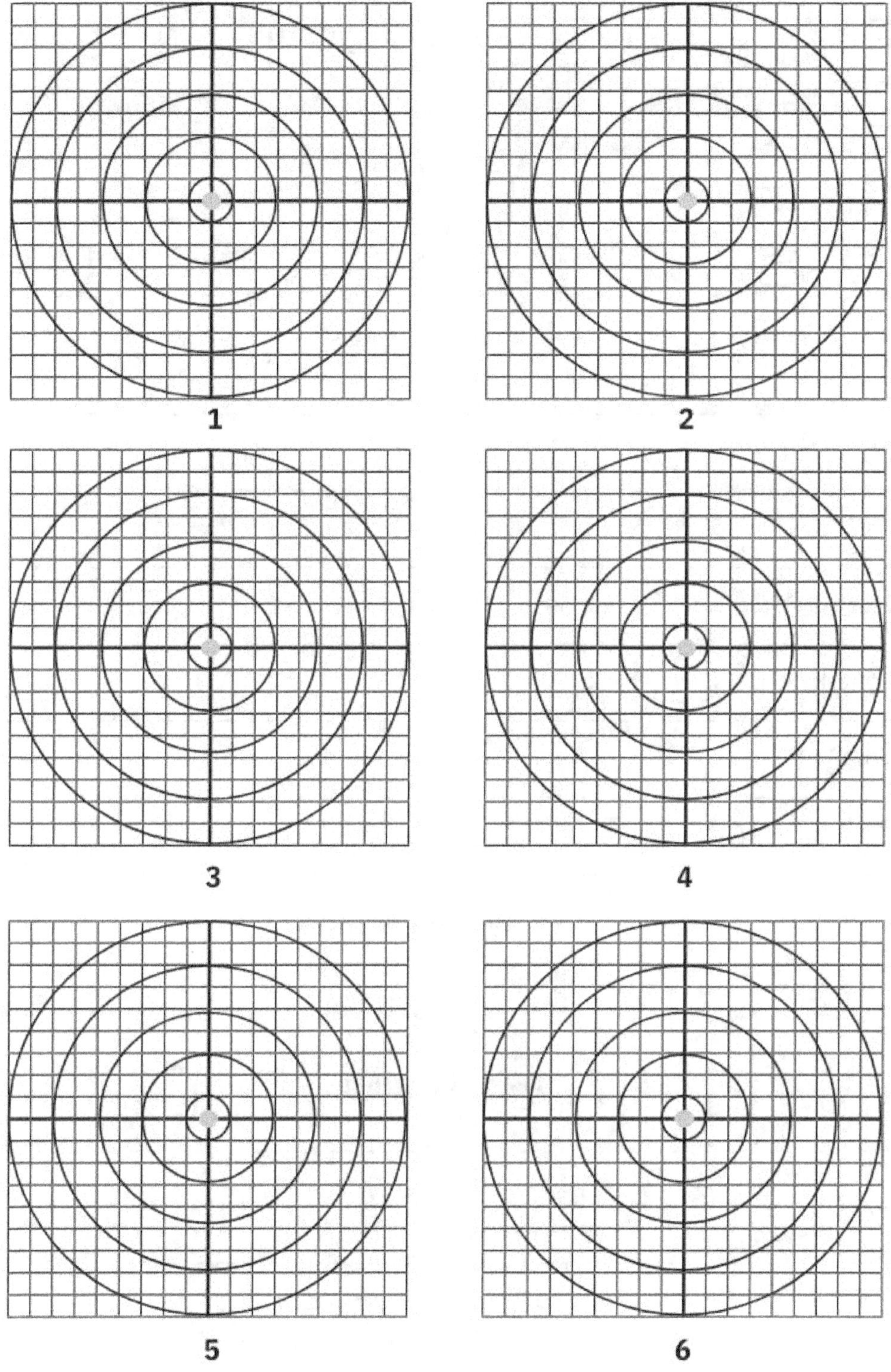

Idealny pomysł na prezent dla początkujących i profesjonalistów

Dziennik danych strzelectwa sportowego

📅 Data: _______________________   🕐 Czas: _______________

📍 Lokalizacja: ____

Warunki pogodowe

☐   ☐   ☐   ☐   ☐   ☐   _______   _______

Strażak:	
Pocisk:	Głębokość siedzenia:
Proszek:	Ziarna:
Podkład:	
Mosiądz:	
Odległość:	

Wyniki ogólne

☐ zły   ☐ targi   ☐ dobra   ☐ doskonale

Uwagi dodatkowe

____

____

____

☆ ☆ ☆ ☆ ☆

Idealny pomysł na prezent dla początkujących i profesjonalistów

Dziennik danych strzelectwa sportowego

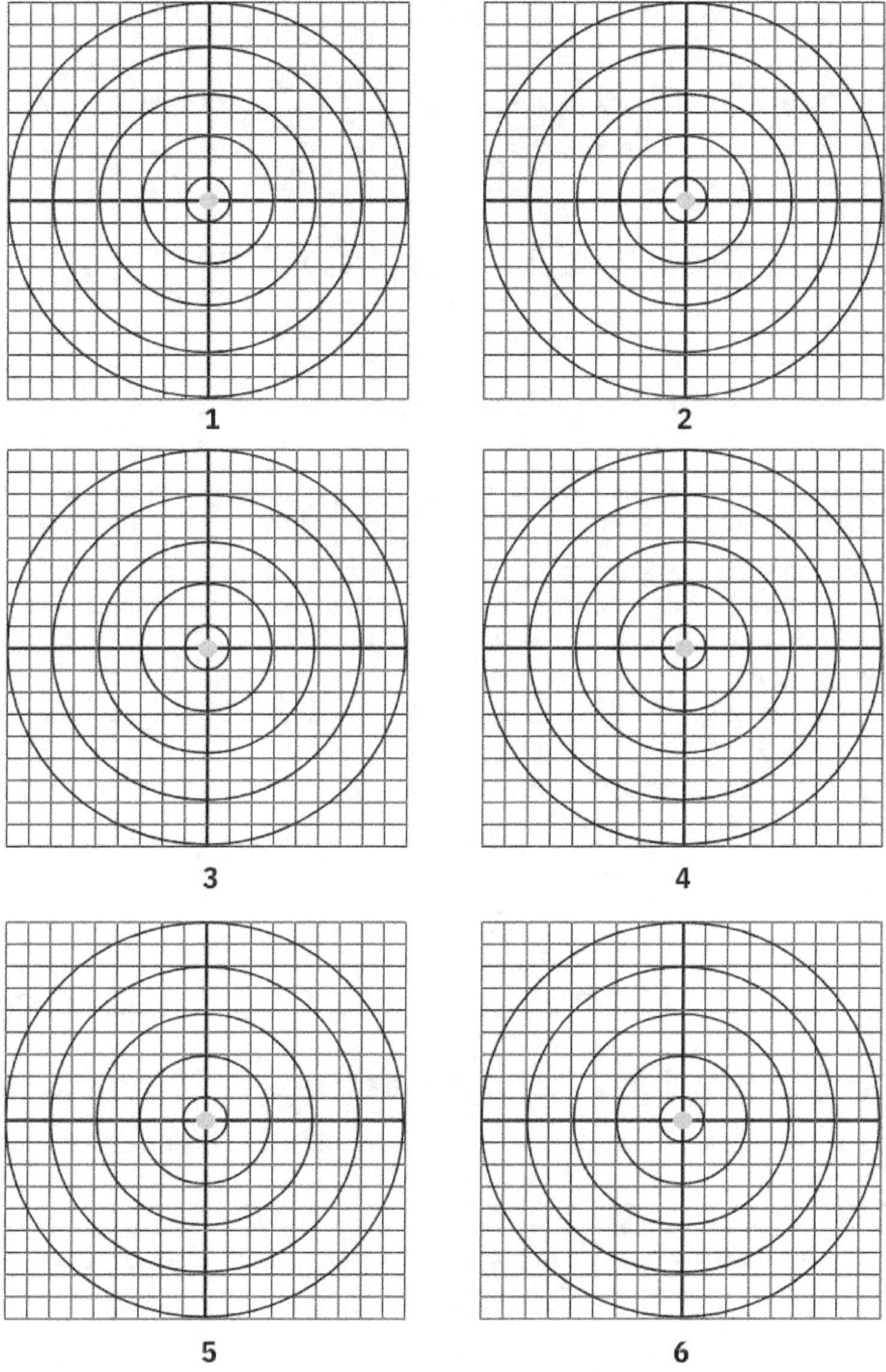

Idealny pomysł na prezent dla początkujących i profesjonalistów

Dziennik danych strzelectwa sportowego

📅 Data: _________________________   🕐 Czas: _____________

📍 Lokalizacja: ____

Warunki pogodowe

☐   ☐   ☐   ☐   ☐   ☐   _________   _________

Strażak:	
Pocisk:	Głębokość siedzenia:
Proszek:	Ziarna:
Podkład:	
Mosiądz:	
Odległość:	

Wyniki ogólne

☐ zły   ☐ targi   ☐ dobra   ☐ doskonale

Uwagi dodatkowe

____

____

____

☆ ☆ ☆ ☆ ☆

Idealny pomysł na prezent dla początkujących i profesjonalistów

Dziennik danych strzelectwa sportowego

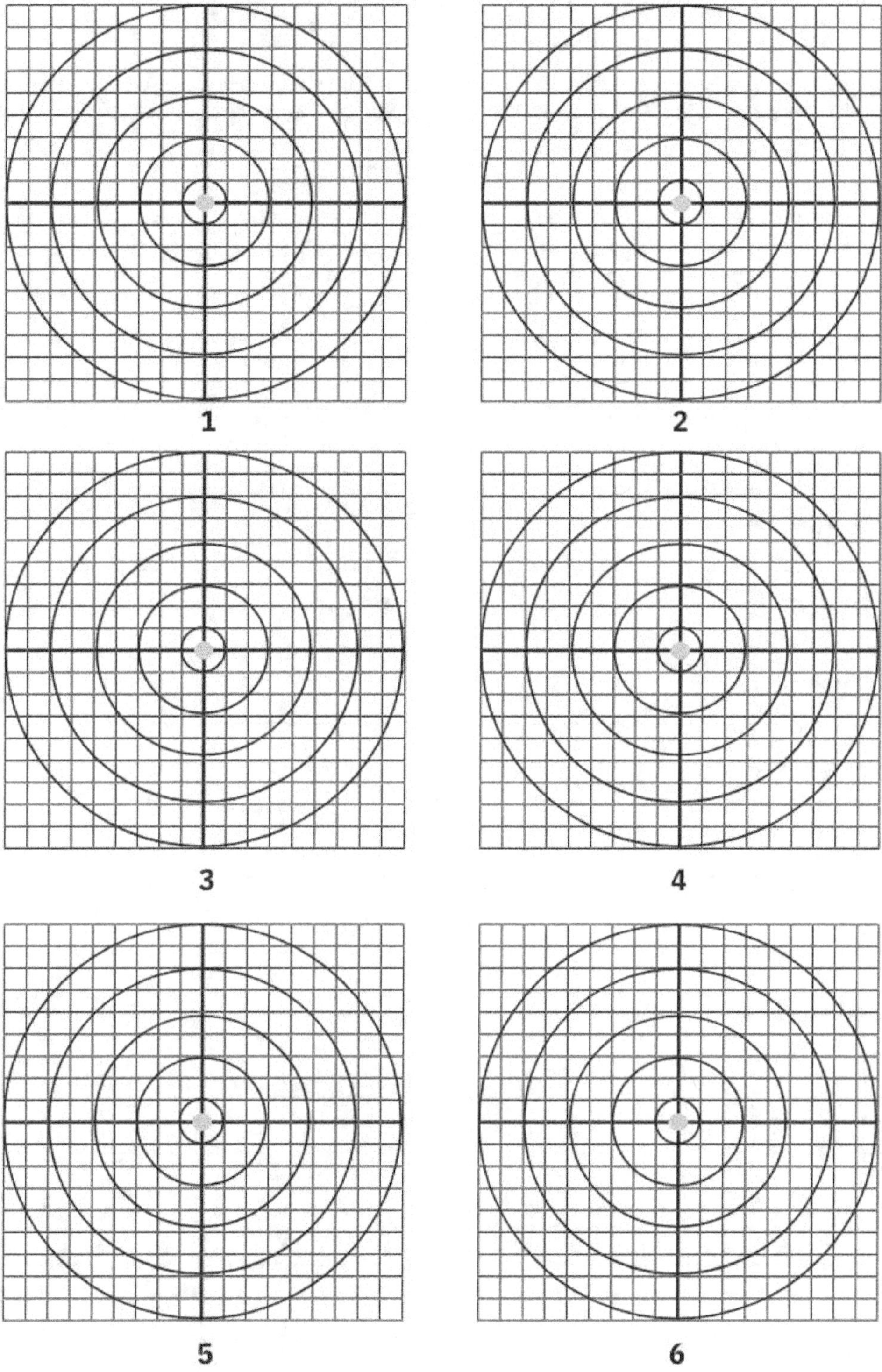

Idealny pomysł na prezent dla początkujących i profesjonalistów

Dziennik danych strzelectwa sportowego

📅 Data: _______________ 🕐 Czas: _________

📍 Lokalizacja: _______________________________

Warunki pogodowe

☐ ☐ ☐ ☐ ☐ ☐

Strażak:	
Pocisk:	Głębokość siedzenia:
Proszek:	Ziarna:
Podkład:	
Mosiądz:	
Odległość:	

Wyniki ogólne

☐ zły   ☐ targi   ☐ dobra   ☐ doskonale

Uwagi dodatkowe

____

____

____

☆ ☆ ☆ ☆ ☆

Idealny pomysł na prezent dla początkujących i profesjonalistów

Dziennik danych strzelectwa sportowego

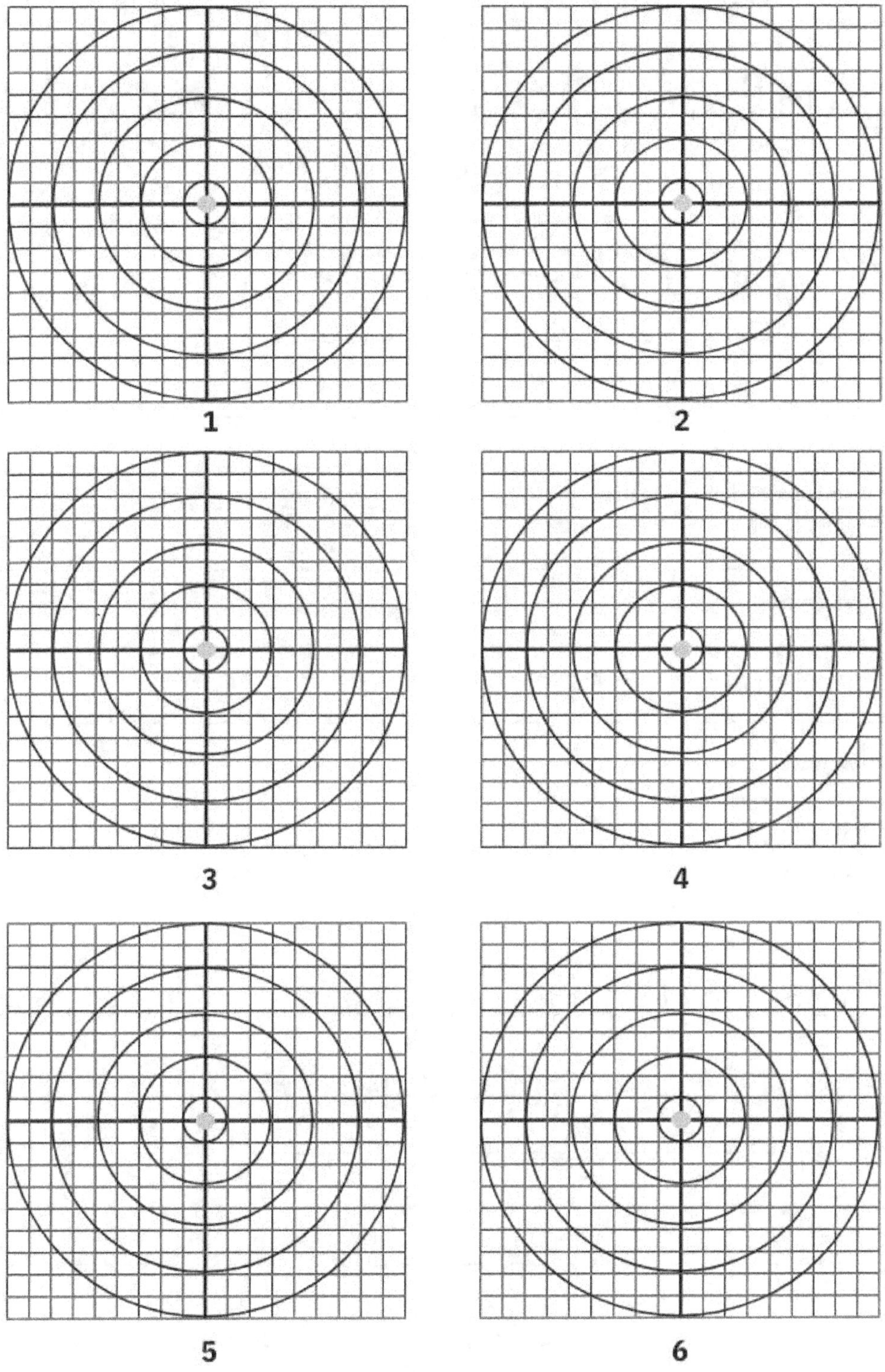

Idealny pomysł na prezent dla początkujących i profesjonalistów

Dziennik danych strzelectwa sportowego

📅 Data: _______________________ 🕐 Czas: _____________

📍 Lokalizacja: _____________________________________

Warunki pogodowe

☐ ☐ ☐ ☐ ☐ ☐

Strażak:	
Pocisk:	Głębokość siedzenia:
Proszek:	Ziarna:
Podkład:	
Mosiądz:	
Odległość:	

Wyniki ogólne

☐ zły ☐ targi ☐ dobra ☐ doskonale

Uwagi dodatkowe

____

____

____

☆ ☆ ☆ ☆ ☆

Idealny pomysł na prezent dla początkujących i profesjonalistów

Dziennik danych strzelectwa sportowego

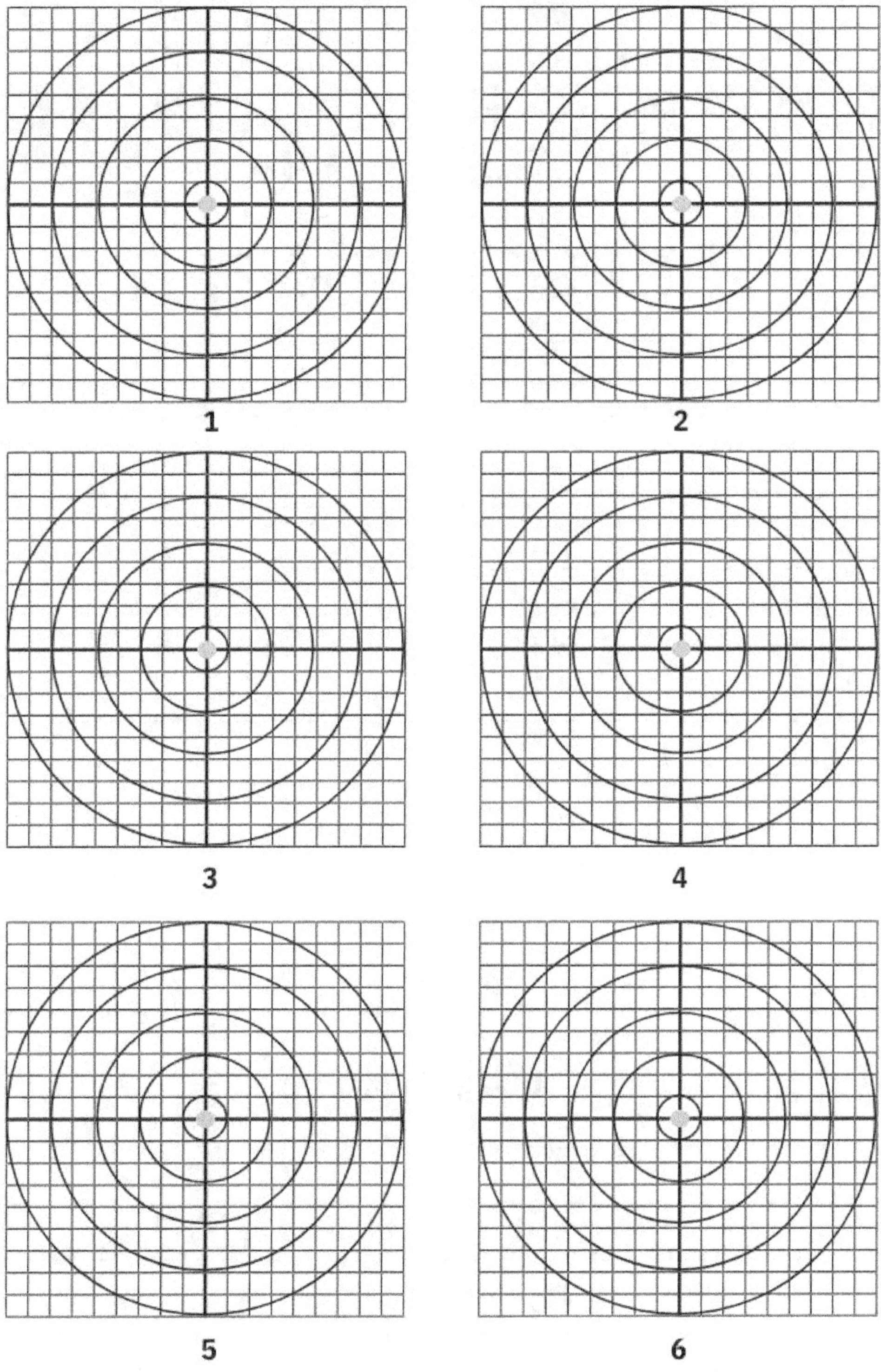

Idealny pomysł na prezent dla początkujących i profesjonalistów

Dziennik danych strzelectwa sportowego

📅 Data: _________________ 🕐 Czas: _________

📍 Lokalizacja: _______________________________

Warunki pogodowe

☐ ☐ ☐ ☐ ☐ ☐ ______ ______

Strażak:	
Pocisk:	Głębokość siedzenia:
Proszek:	Ziarna:
Podkład:	
Mosiądz:	
Odległość:	

Wyniki ogólne

☐ zły   ☐ targi   ☐ dobra   ☐ doskonale

Uwagi dodatkowe

____

____

____

☆ ☆ ☆ ☆ ☆

Idealny pomysł na prezent dla początkujących i profesjonalistów

Dziennik danych strzelectwa sportowego

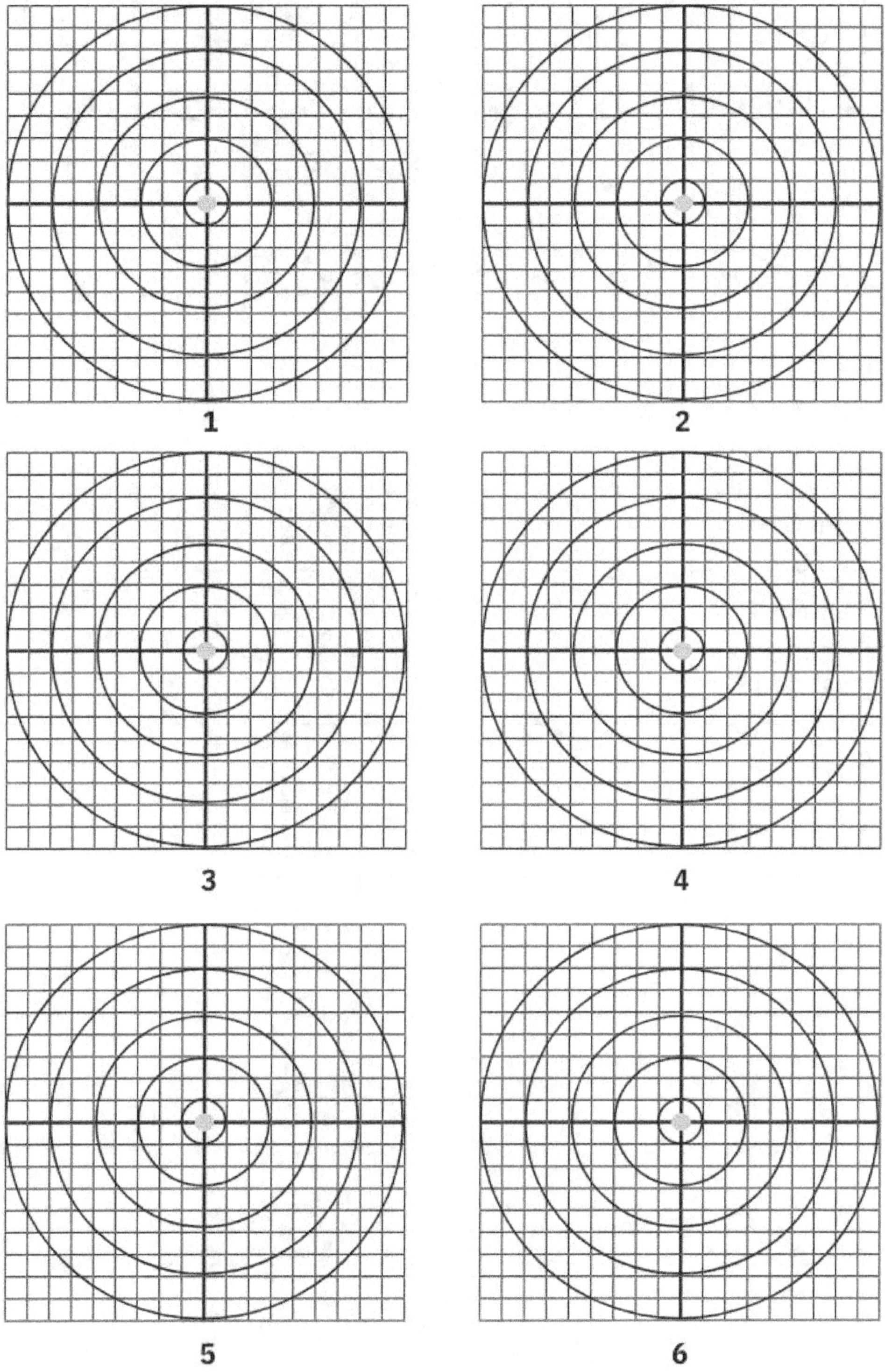

Idealny pomysł na prezent dla początkujących i profesjonalistów

Dziennik danych strzelectwa sportowego

📅 Data: _________________________   🕐 Czas: _________

📍 Lokalizacja: _________________________________

Warunki pogodowe

☐   ☐   ☐   ☐   ☐   ☐   _________   _________

Strażak:	
Pocisk:	Głębokość siedzenia:
Proszek:	Ziarna:
Podkład:	
Mosiądz:	
Odległość:	

Wyniki ogólne

☐ zły   ☐ targi   ☐ dobra   ☐ doskonale

Uwagi dodatkowe

____

____

____

☆ ☆ ☆ ☆ ☆

Idealny pomysł na prezent dla początkujących i profesjonalistów

Dziennik danych strzelectwa sportowego

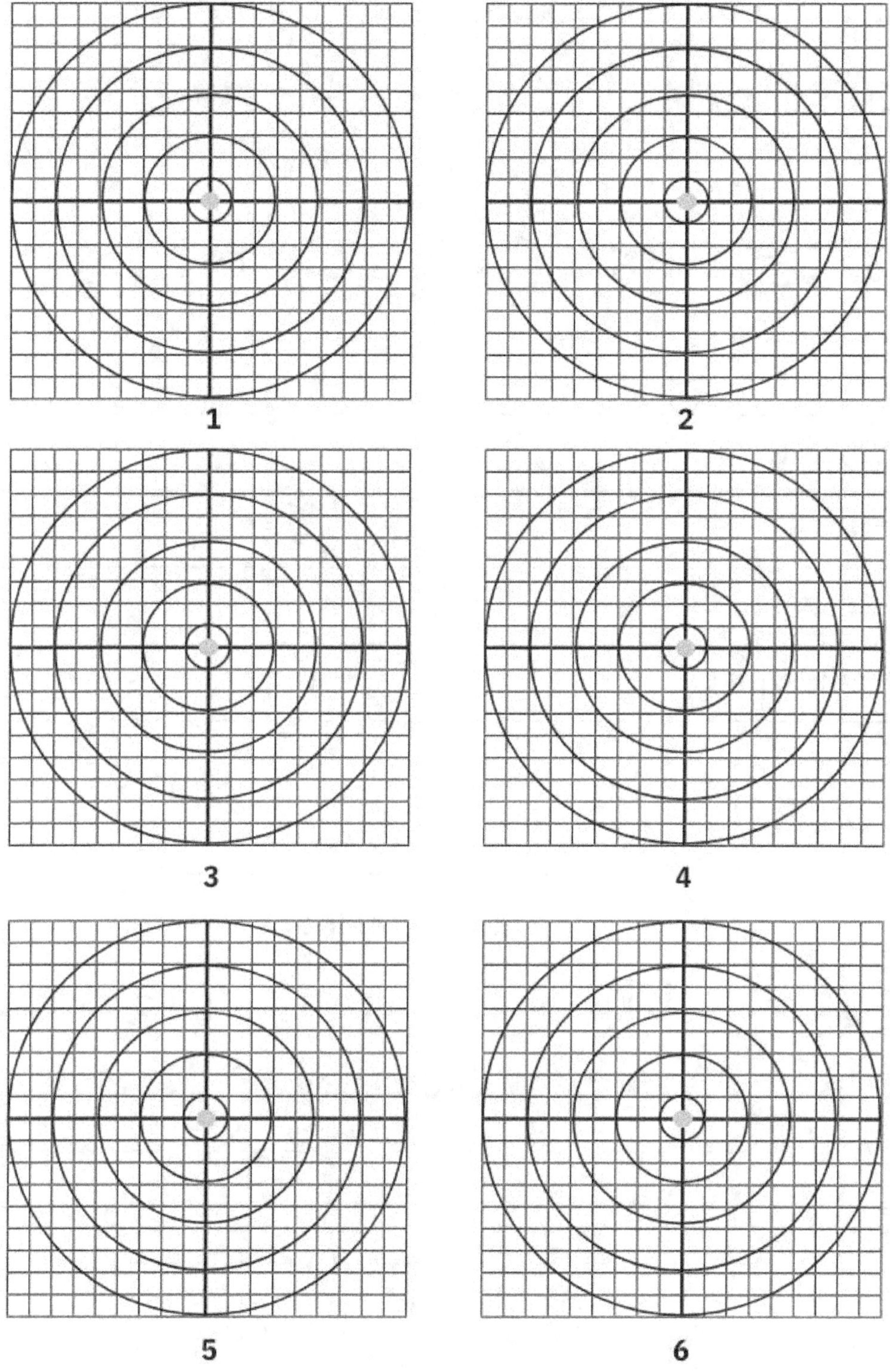

Idealny pomysł na prezent dla początkujących i profesjonalistów

Dziennik danych strzelectwa sportowego

📅 Data: _______________________ 🕐 Czas: _____________

📍 Lokalizacja: ____

Warunki pogodowe

☐　　☐　　☐　　☐　　☐　　☐

Strażak:	
Pocisk:	Głębokość siedzenia:
Proszek:	Ziarna:
Podkład:	
Mosiądz:	
Odległość:	

Wyniki ogólne

☐ zły　　　☐ targi　　　☐ dobra　　　☐ doskonale

Uwagi dodatkowe

____

____

____

☆ ☆ ☆ ☆ ☆

Idealny pomysł na prezent dla początkujących i profesjonalistów

Dziennik danych strzelectwa sportowego

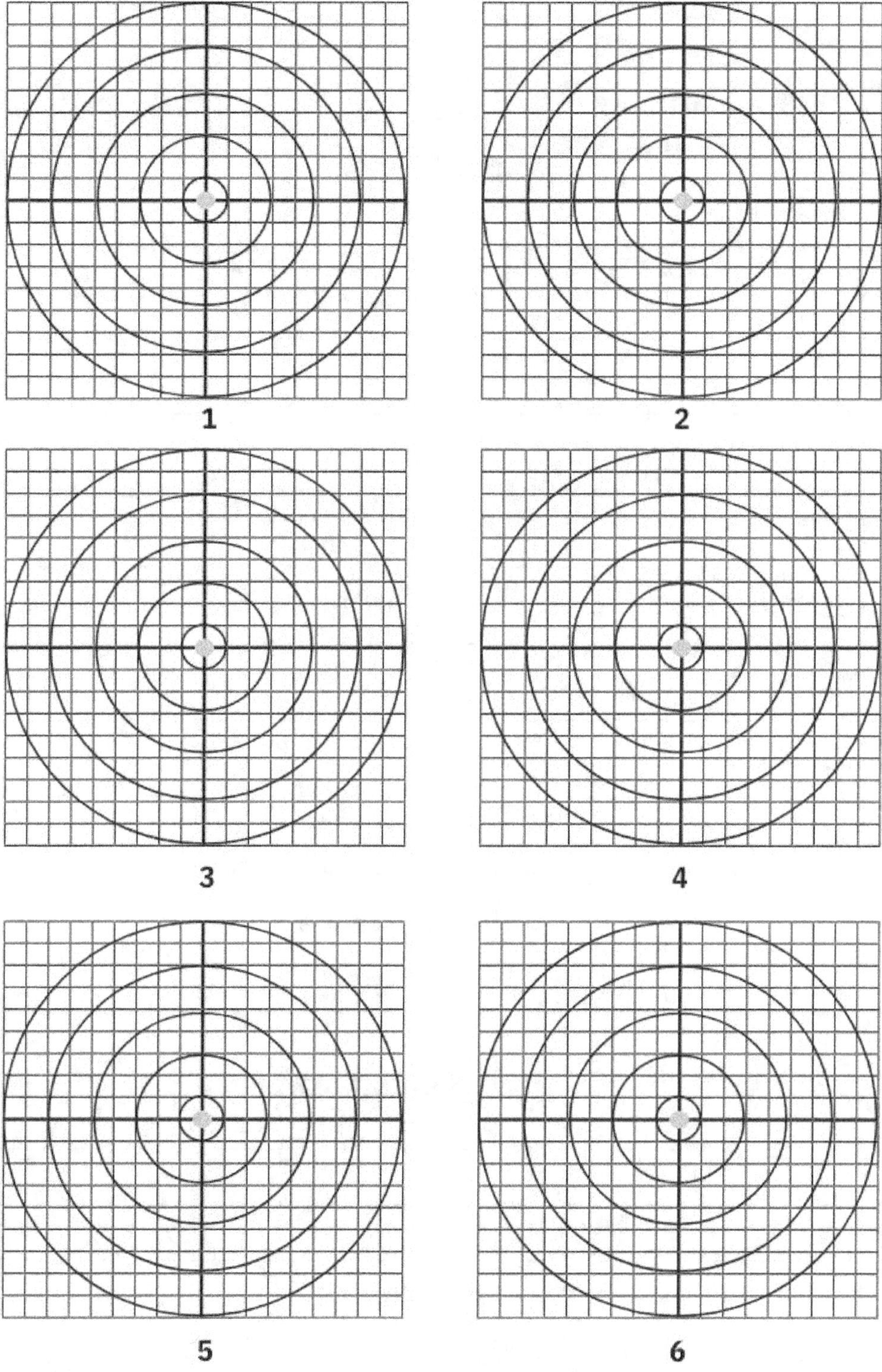

Idealny pomysł na prezent dla początkujących i profesjonalistów

Dziennik danych strzelectwa sportowego

🗓 Data: _________________________ 🕐 Czas: _____________

📍 Lokalizacja: _______________________________________

Warunki pogodowe

☀ ☐   ⛅ ☐   🌤 ☐   🌧 ☐   🌧 ☐   🌨 ☐   🚩 _______   🌡 _______

Strażak:	
Pocisk:	Głębokość siedzenia:
Proszek:	Ziarna:
Podkład:	
Mosiądz:	
Odległość:	

Wyniki ogólne

☐ zły   ☐ targi   ☐ dobra   ☐ doskonale

Uwagi dodatkowe

____

____

____

☆ ☆ ☆ ☆ ☆

Idealny pomysł na prezent dla początkujących i profesjonalistów

Dziennik danych strzelectwa sportowego

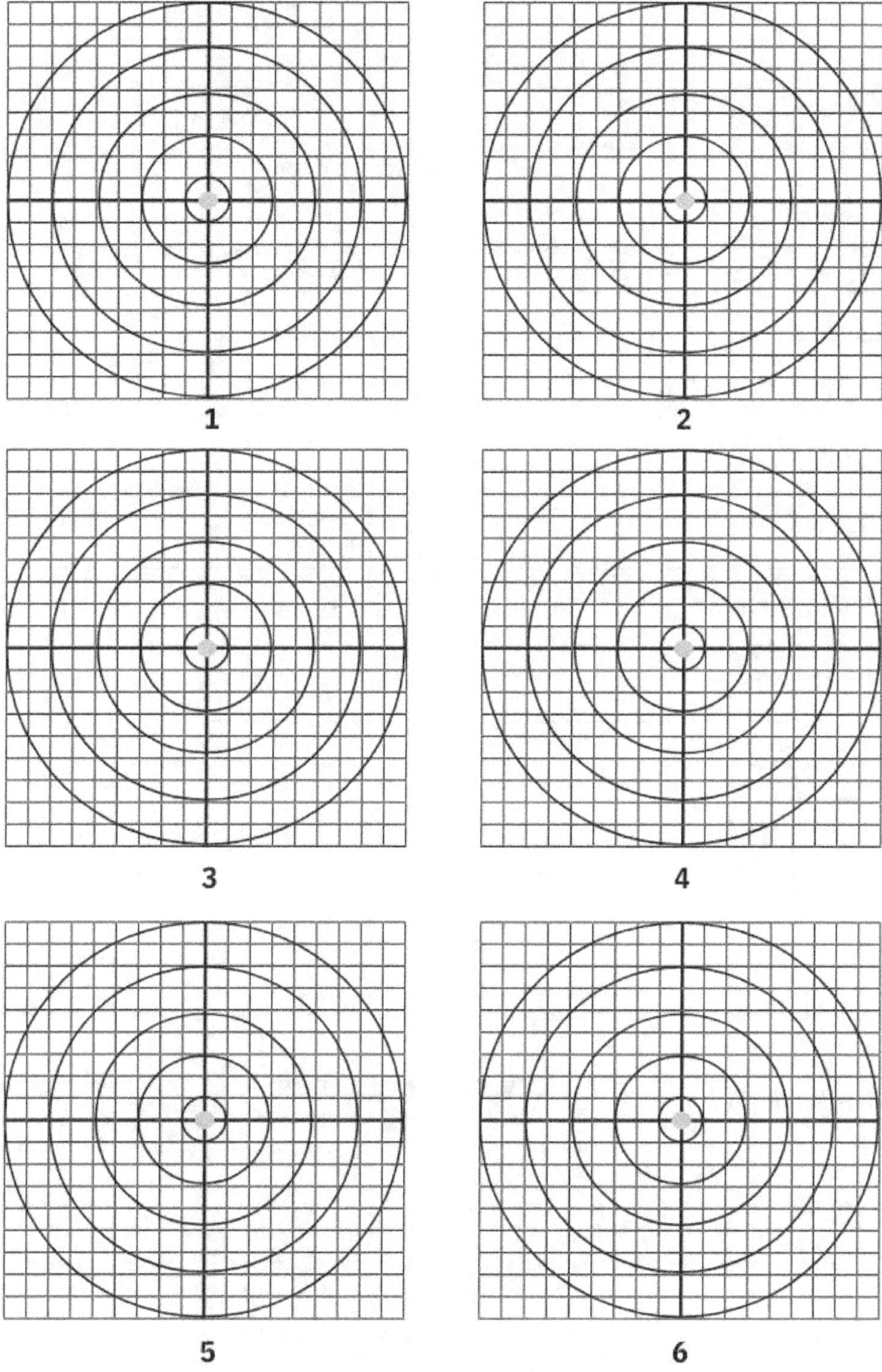

Idealny pomysł na prezent dla początkujących i profesjonalistów

Dziennik danych strzelectwa sportowego

📅 Data: _________________________ 🕐 Czas: _____________

📍 Lokalizacja: ____

Warunki pogodowe

☐ ☐ ☐ ☐ ☐ ☐ _________ _________

Strażak:	
Pocisk:	Głębokość siedzenia:
Proszek:	Ziarna:
Podkład:	
Mosiądz:	
Odległość:	

Wyniki ogólne

☐ zły   ☐ targi   ☐ dobra   ☐ doskonale

Uwagi dodatkowe

____

____

____

☆ ☆ ☆ ☆ ☆

Idealny pomysł na prezent dla początkujących i profesjonalistów

Dziennik danych strzelectwa sportowego

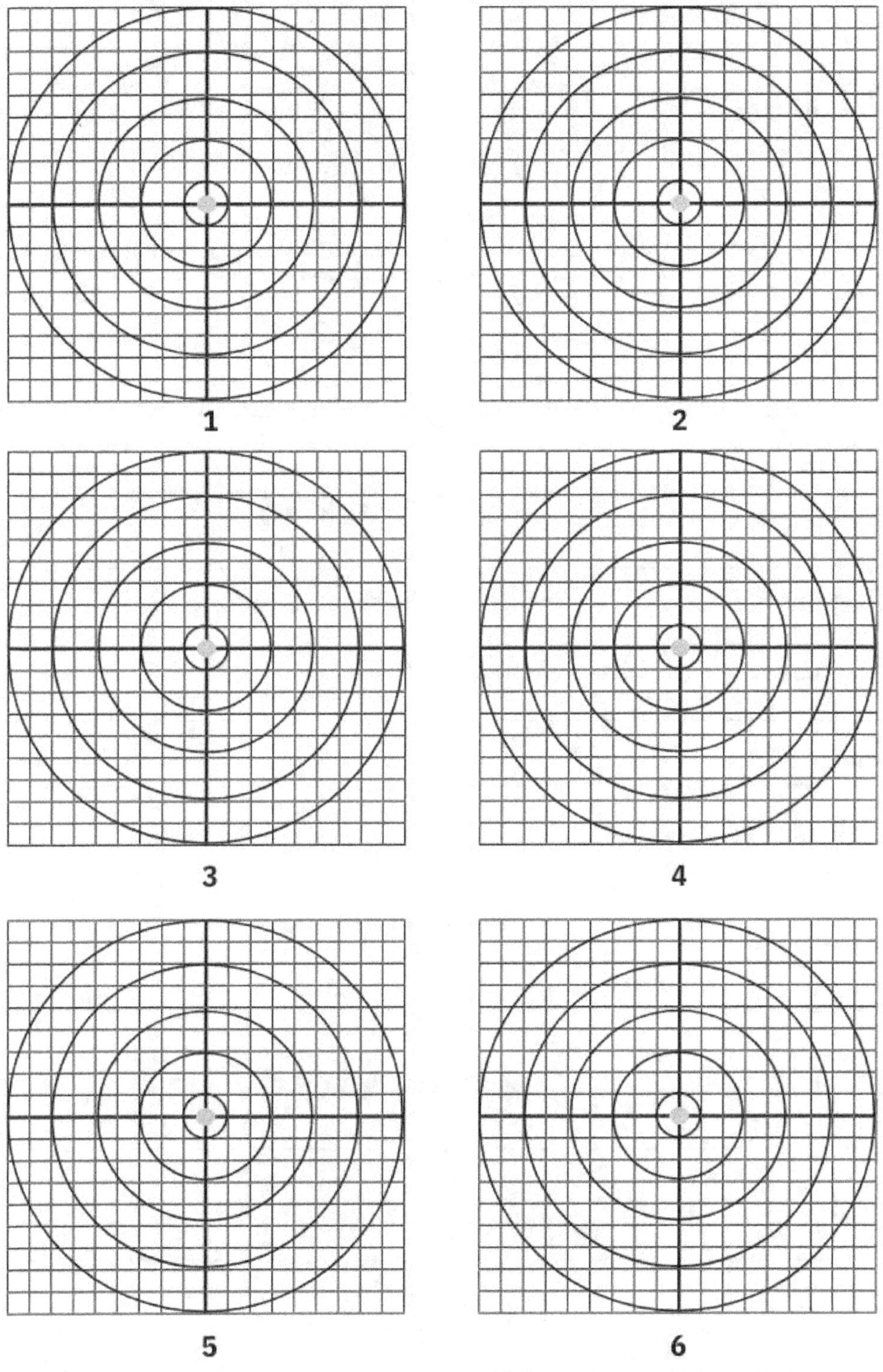

Idealny pomysł na prezent dla początkujących i profesjonalistów

Dziennik danych strzelectwa sportowego

📅 Data: _______________   🕐 Czas: _______________

📍 Lokalizacja: _______________________________

Warunki pogodowe

☐   ☐   ☐   ☐   ☐   ☐   _______   _______

Strażak:	
Pocisk:	Głębokość siedzenia:
Proszek:	Ziarna:
Podkład:	
Mosiądz:	
Odległość:	

Wyniki ogólne

☐ zły   ☐ targi   ☐ dobra   ☐ doskonale

Uwagi dodatkowe

____

____

____

☆ ☆ ☆ ☆ ☆

Idealny pomysł na prezent dla początkujących i profesjonalistów

Dziennik danych strzelectwa sportowego

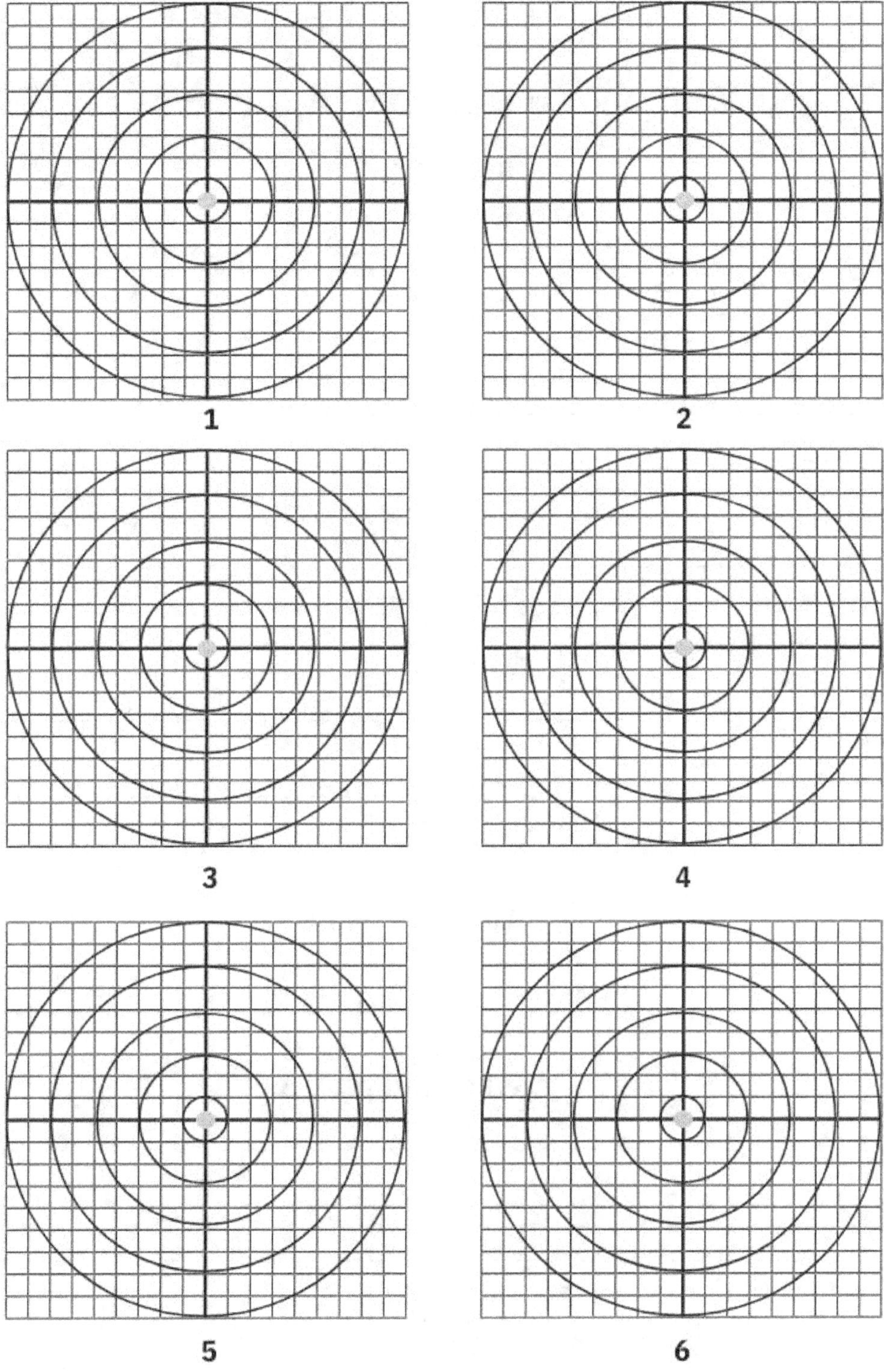

Idealny pomysł na prezent dla początkujących i profesjonalistów

Dziennik danych strzelectwa sportowego

📅 Data: _________________   🕐 Czas: _________

📍 Lokalizacja: _______________________________

Warunki pogodowe

☐　　☐　　☐　　☐　　☐　　☐　　▱ _______　　🌡 _______

Strażak:	
Pocisk:	Głębokość siedzenia:
Proszek:	Ziarna:
Podkład:	
Mosiądz:	
Odległość:	

Wyniki ogólne

☐ zły　　☐ targi　　☐ dobra　　☐ doskonale

Uwagi dodatkowe

____

____

____

☆ ☆ ☆ ☆ ☆

Idealny pomysł na prezent dla początkujących i profesjonalistów

Dziennik danych strzelectwa sportowego

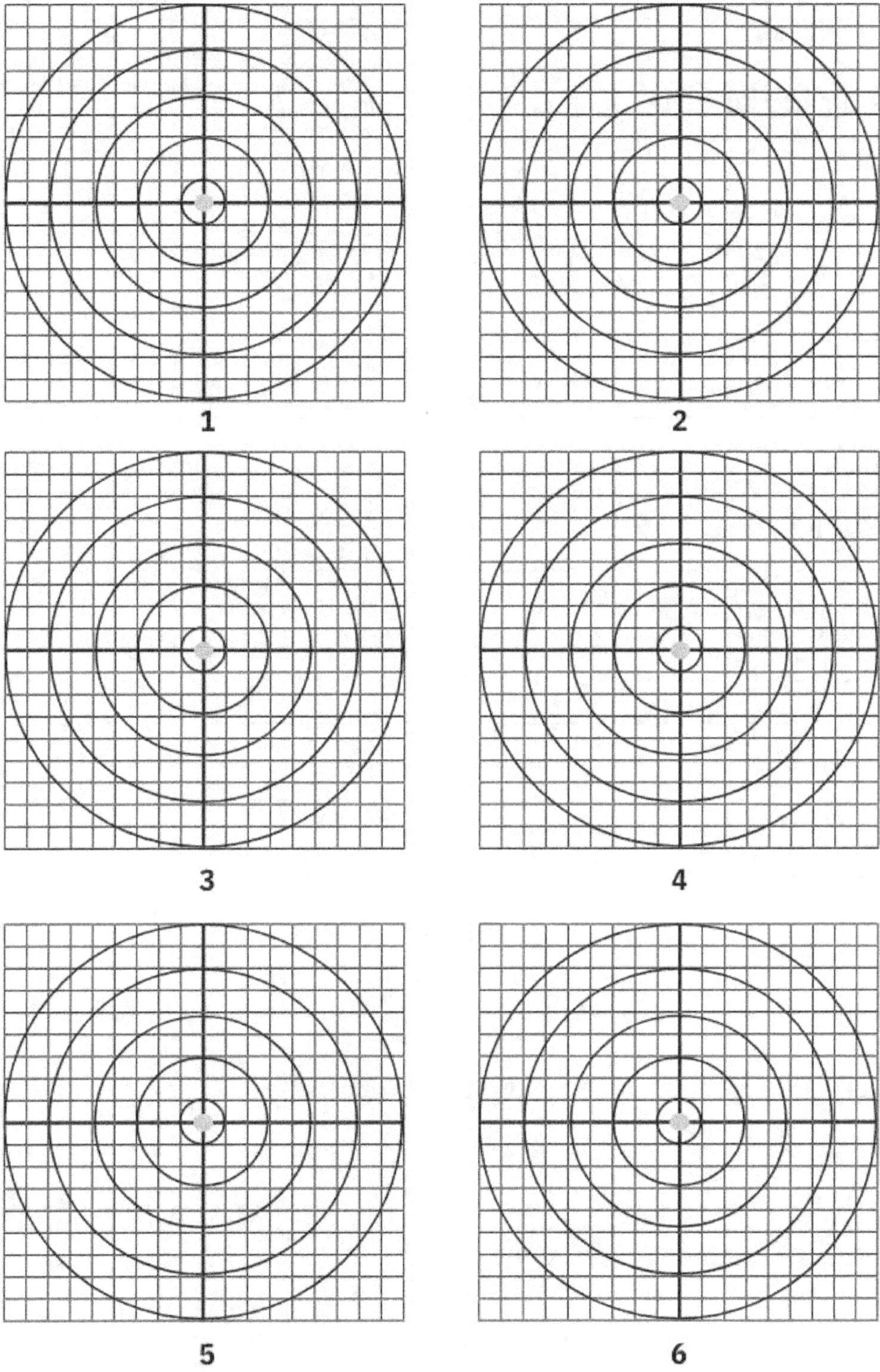

Idealny pomysł na prezent dla początkujących i profesjonalistów

Dziennik danych strzelectwa sportowego

📅 Data: _________________________ 🕐 Czas: ____________

📍 Lokalizacja: _______________________________________

Warunki pogodowe

☀ ☐   ⛅ ☐   🌥 ☐   🌦 ☐   🌧 ☐   🌨 ☐   🚩 ________   🌡 ________

Strażak:	
Pocisk:	Głębokość siedzenia:
Proszek:	Ziarna:
Podkład:	
Mosiądz:	
Odległość:	

Wyniki ogólne

☐ zły   ☐ targi   ☐ dobra   ☐ doskonale

Uwagi dodatkowe

____

____

____

☆ ☆ ☆ ☆ ☆

Idealny pomysł na prezent dla początkujących i profesjonalistów

Dziennik danych strzelectwa sportowego

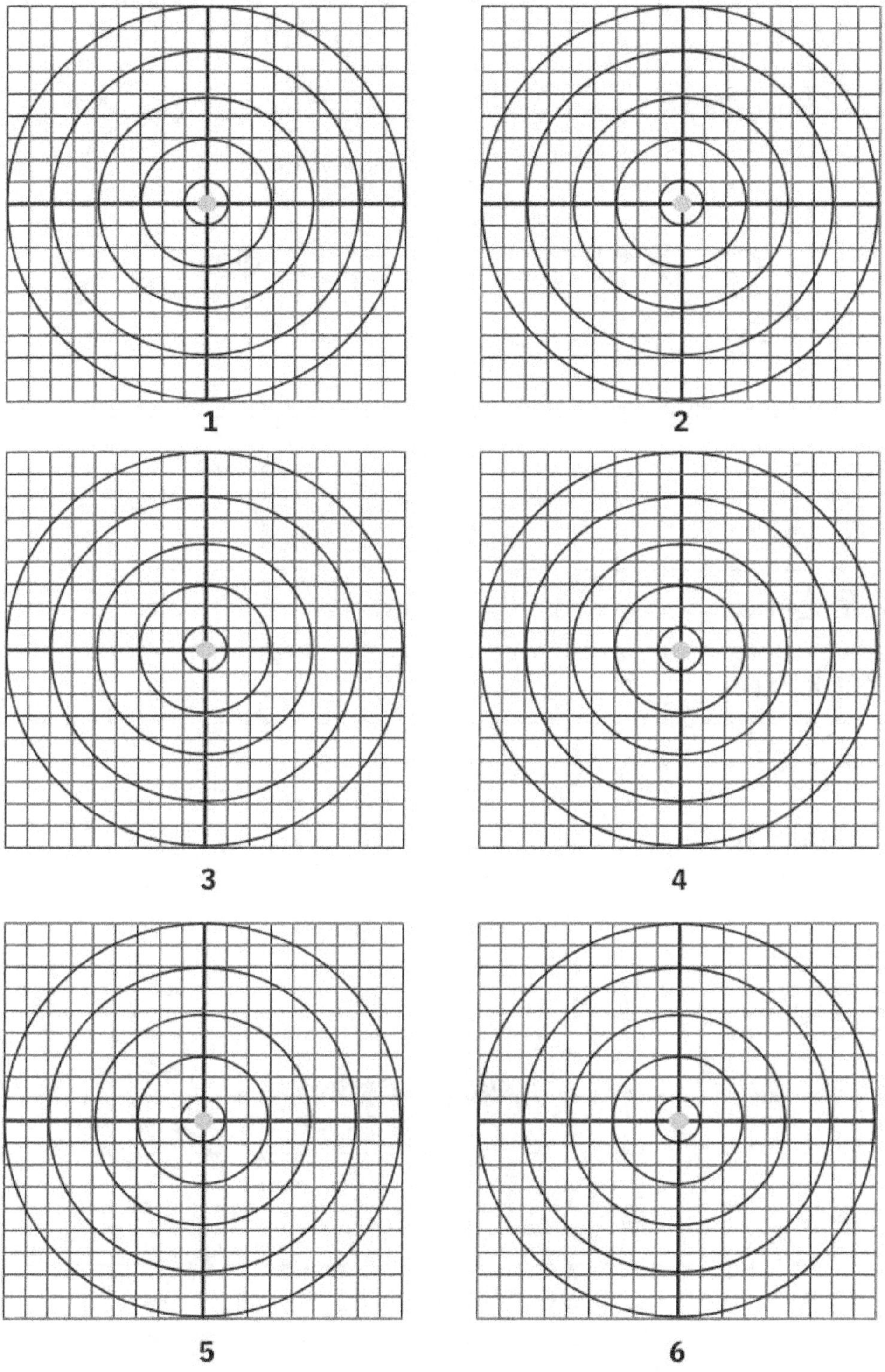

Idealny pomysł na prezent dla początkujących i profesjonalistów

Dziennik danych strzelectwa sportowego

📅 Data: _______________   🕐 Czas: _______________

📍 Lokalizacja: _______________________________

Warunki pogodowe

☀ ☐   ⛅ ☐   🌥 ☐   🌦 ☐   🌧 ☐   🌨 ☐   🚩 _______   🌡 _______

Strażak:	
Pocisk:	Głębokość siedzenia:
Proszek:	Ziarna:
Podkład:	
Mosiądz:	
Odległość:	

Wyniki ogólne

☐ zły   ☐ targi   ☐ dobra   ☐ doskonale

Uwagi dodatkowe

____

____

____

☆ ☆ ☆ ☆ ☆

Idealny pomysł na prezent dla początkujących i profesjonalistów

Dziennik danych strzelectwa sportowego

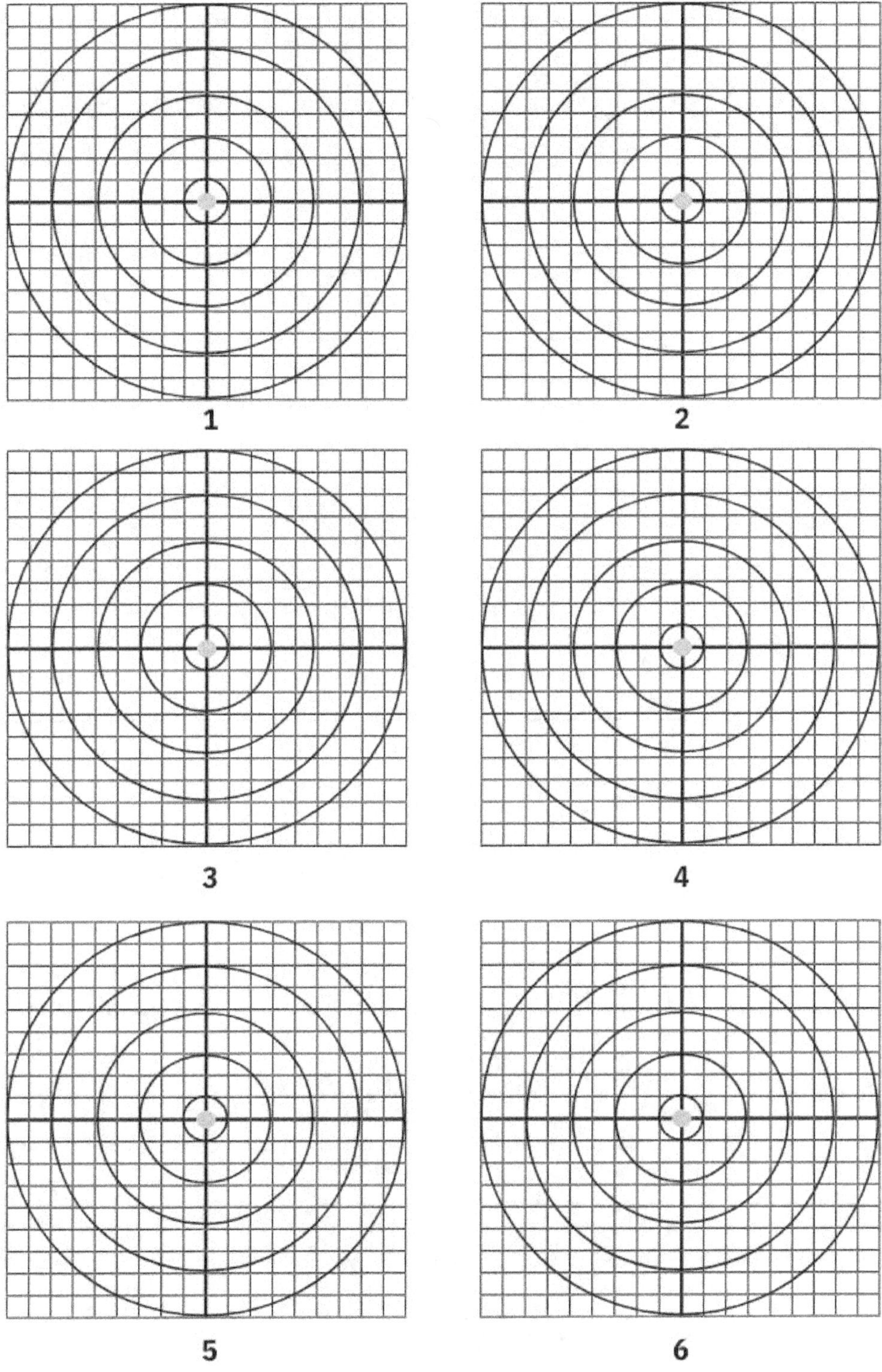

Idealny pomysł na prezent dla początkujących i profesjonalistów

Dziennik danych strzelectwa sportowego

📅 Data: _________________________   🕐 Czas: _____________

📍 Lokalizacja: _______________________________________

Warunki pogodowe

☐   ☐   ☐   ☐   ☐   ☐   ____________   ____________

Strażak:	
Pocisk:	Głębokość siedzenia:
Proszek:	Ziarna:
Podkład:	
Mosiądz:	
Odległość:	

Wyniki ogólne

☐ zły   ☐ targi   ☐ dobra   ☐ doskonale

Uwagi dodatkowe

____

____

____

☆ ☆ ☆ ☆ ☆

Idealny pomysł na prezent dla początkujących i profesjonalistów

Dziennik danych strzelectwa sportowego

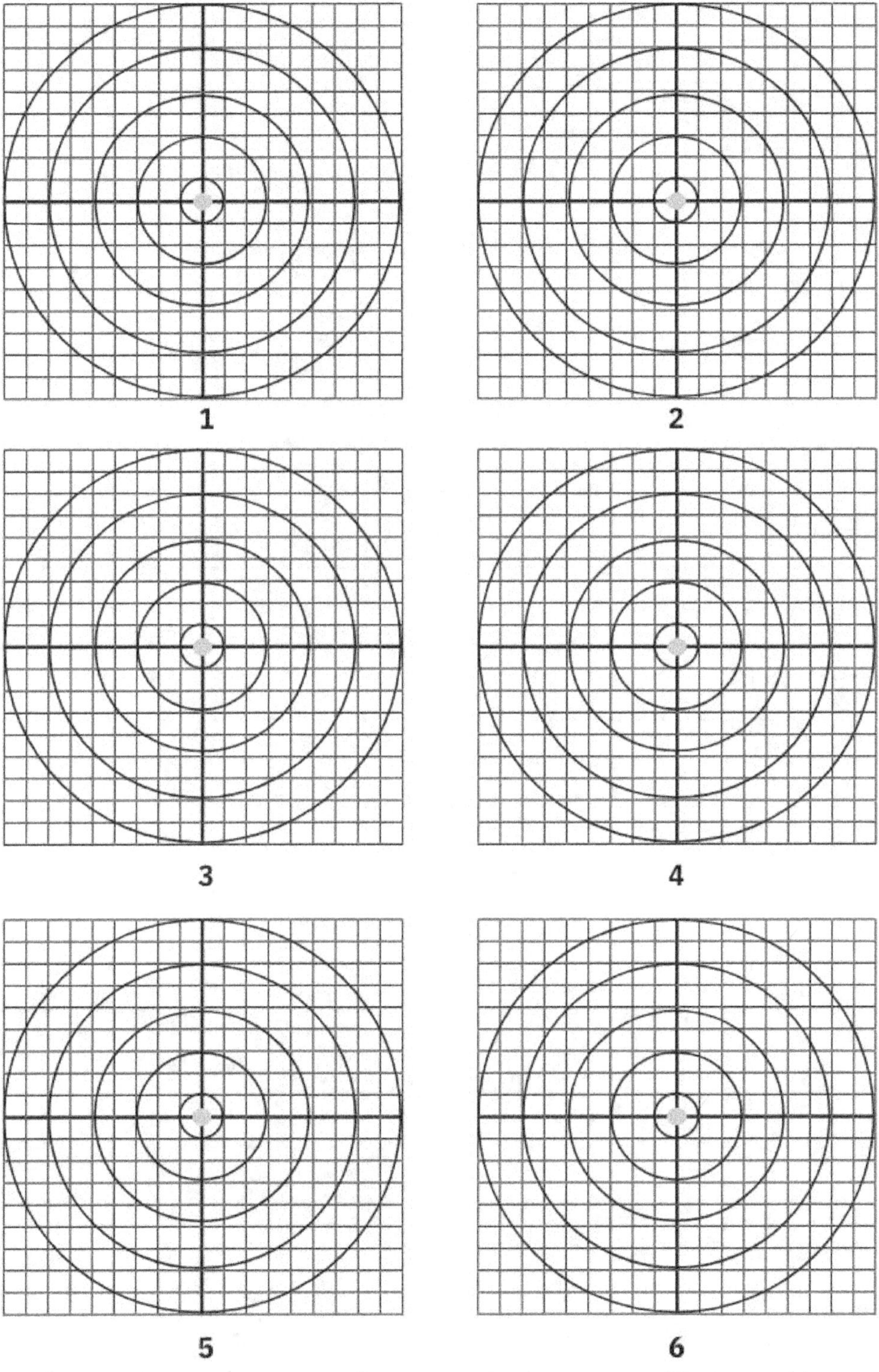

Idealny pomysł na prezent dla początkujących i profesjonalistów

Dziennik danych strzelectwa sportowego

📅 Data: _______________   🕐 Czas: __________

📍 Lokalizacja: _______________________

Warunki pogodowe

☐ ☐ ☐ ☐ ☐ ☐ 🚩 _______   🌡 _______

Strażak:	
Pocisk:	Głębokość siedzenia:
Proszek:	Ziarna:
Podkład:	
Mosiądz:	
Odległość:	

Wyniki ogólne

☐ zły   ☐ targi   ☐ dobra   ☐ doskonale

Uwagi dodatkowe

____

____

____

☆ ☆ ☆ ☆ ☆

Idealny pomysł na prezent dla początkujących i profesjonalistów

Dziennik danych strzelectwa sportowego

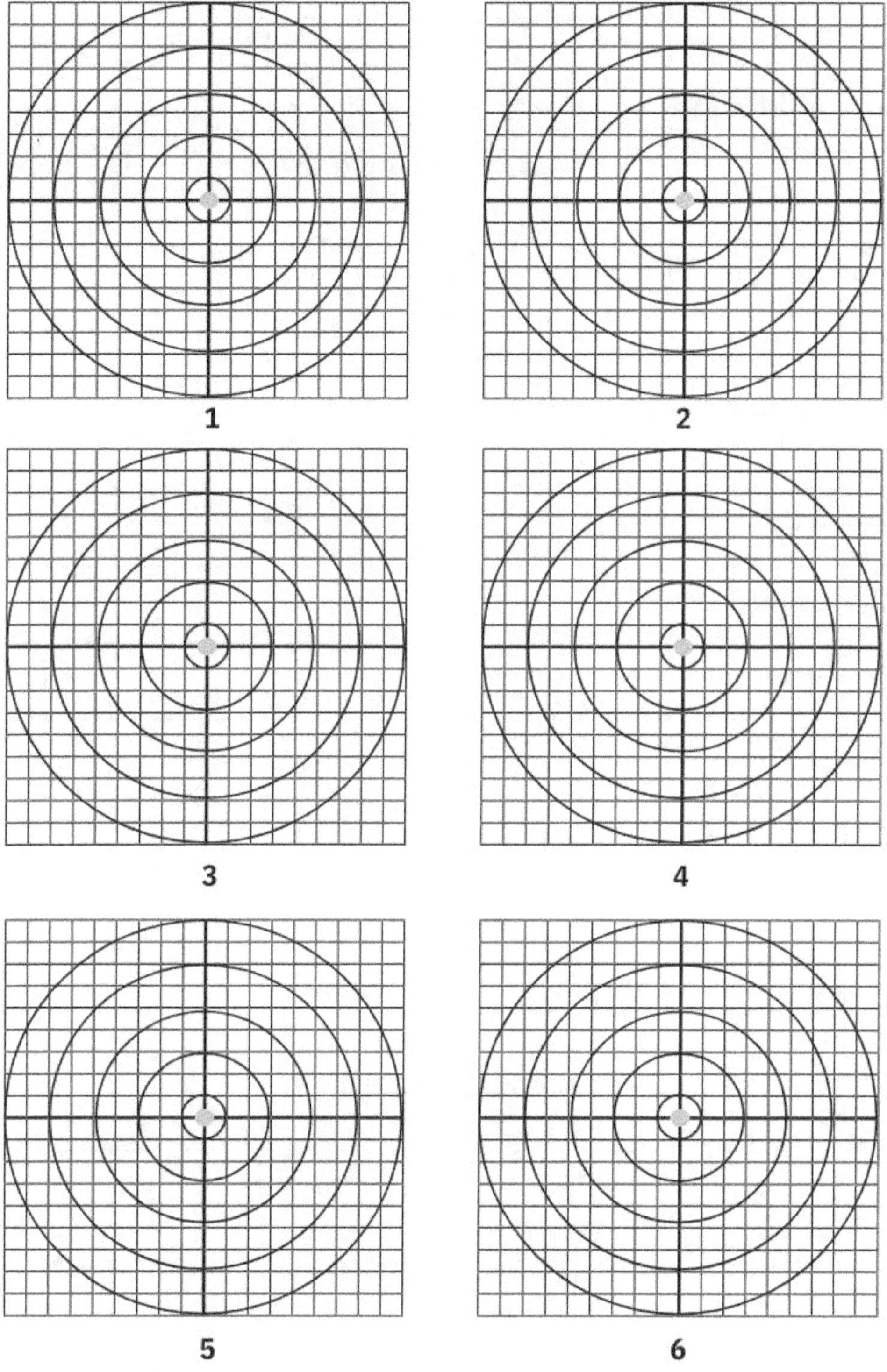

Idealny pomysł na prezent dla początkujących i profesjonalistów

Dziennik danych strzelectwa sportowego

📅 Data: _________________ 🕐 Czas: _________

📍 Lokalizacja: _______________________________

Warunki pogodowe

☐ ☐ ☐ ☐ ☐ ☐

Strażak:	
Pocisk:	Głębokość siedzenia:
Proszek:	Ziarna:
Podkład:	
Mosiądz:	
Odległość:	

Wyniki ogólne

☐ zły ☐ targi ☐ dobra ☐ doskonale

Uwagi dodatkowe

____

____

____

☆ ☆ ☆ ☆ ☆

Idealny pomysł na prezent dla początkujących i profesjonalistów

Dziennik danych strzelectwa sportowego

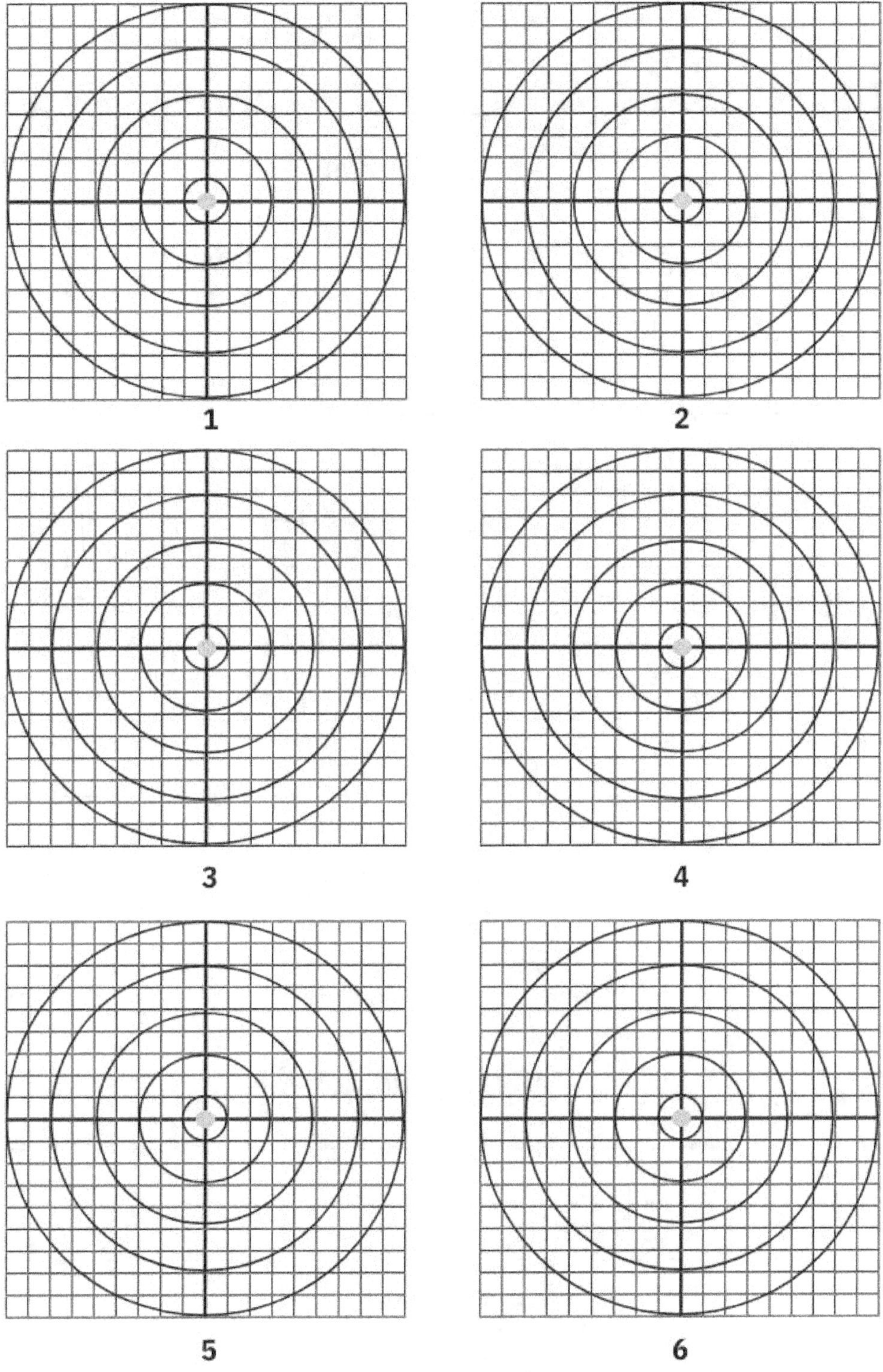

Idealny pomysł na prezent dla początkujących i profesjonalistów

Dziennik danych strzelectwa sportowego

📅 Data: _________________ 🕐 Czas: __________

📍 Lokalizacja: _______________________________

Warunki pogodowe

☐　　☐　　☐　　☐　　☐　　☐

Strażak:	
Pocisk:	Głębokość siedzenia:
Proszek:	Ziarna:
Podkład:	
Mosiądz:	
Odległość:	

Wyniki ogólne

☐ zły　　☐ targi　　☐ dobra　　☐ doskonale

Uwagi dodatkowe

____

____

____

☆ ☆ ☆ ☆ ☆

Idealny pomysł na prezent dla początkujących i profesjonalistów

Dziennik danych strzelectwa sportowego

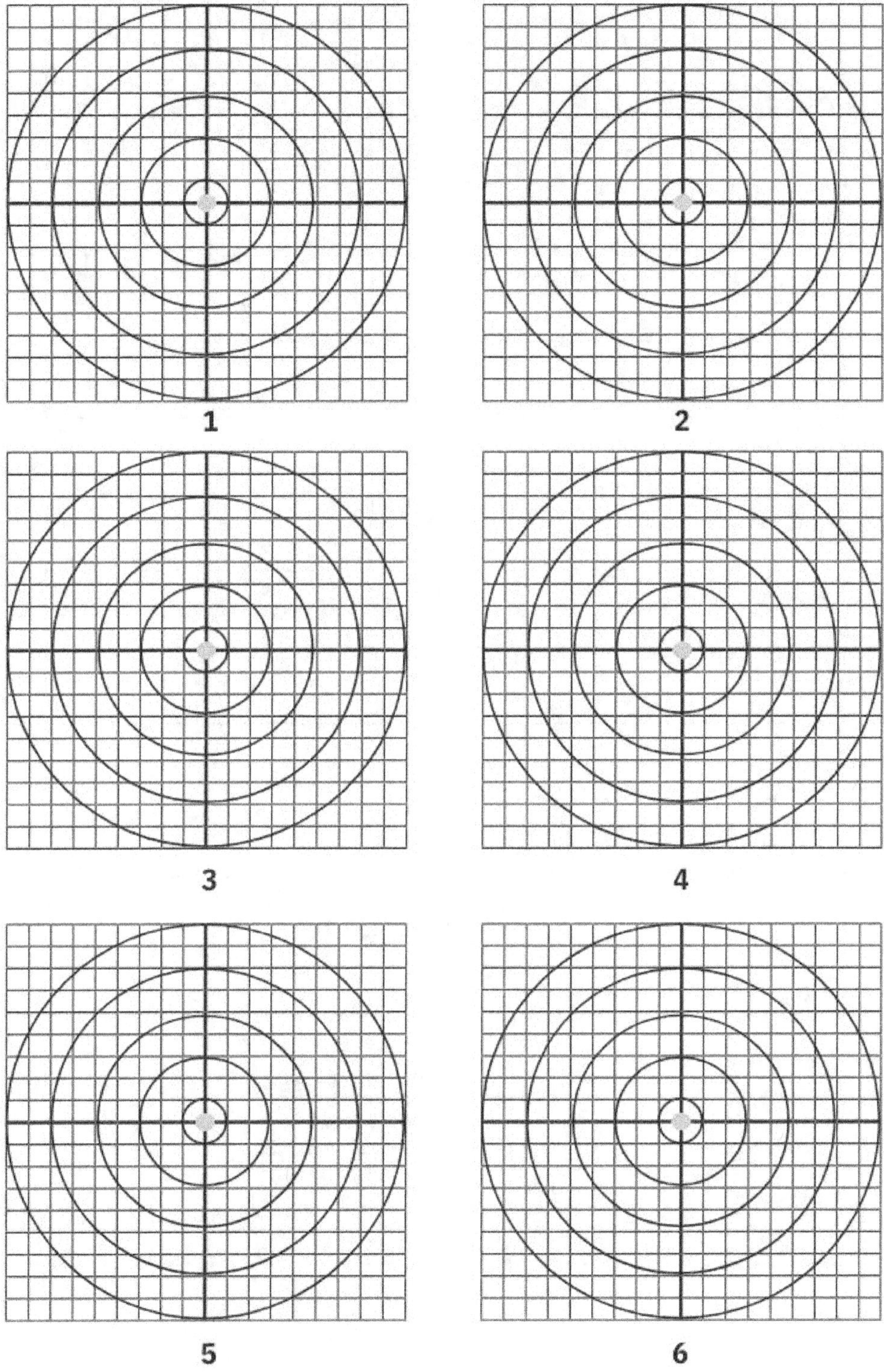

Idealny pomysł na prezent dla początkujących i profesjonalistów

Dziennik danych strzelectwa sportowego

📅 Data: _________________   🕐 Czas: _________

📍 Lokalizacja: _________________________

Warunki pogodowe

☐   ☐   ☐   ☐   ☐   ☐   ____   ____

Strażak:	
Pocisk:	Głębokość siedzenia:
Proszek:	Ziarna:
Podkład:	
Mosiądz:	
Odległość:	

Wyniki ogólne

☐ zły   ☐ targi   ☐ dobra   ☐ doskonale

Uwagi dodatkowe

____

____

____

☆ ☆ ☆ ☆ ☆

Idealny pomysł na prezent dla początkujących i profesjonalistów

Dziennik danych strzelectwa sportowego

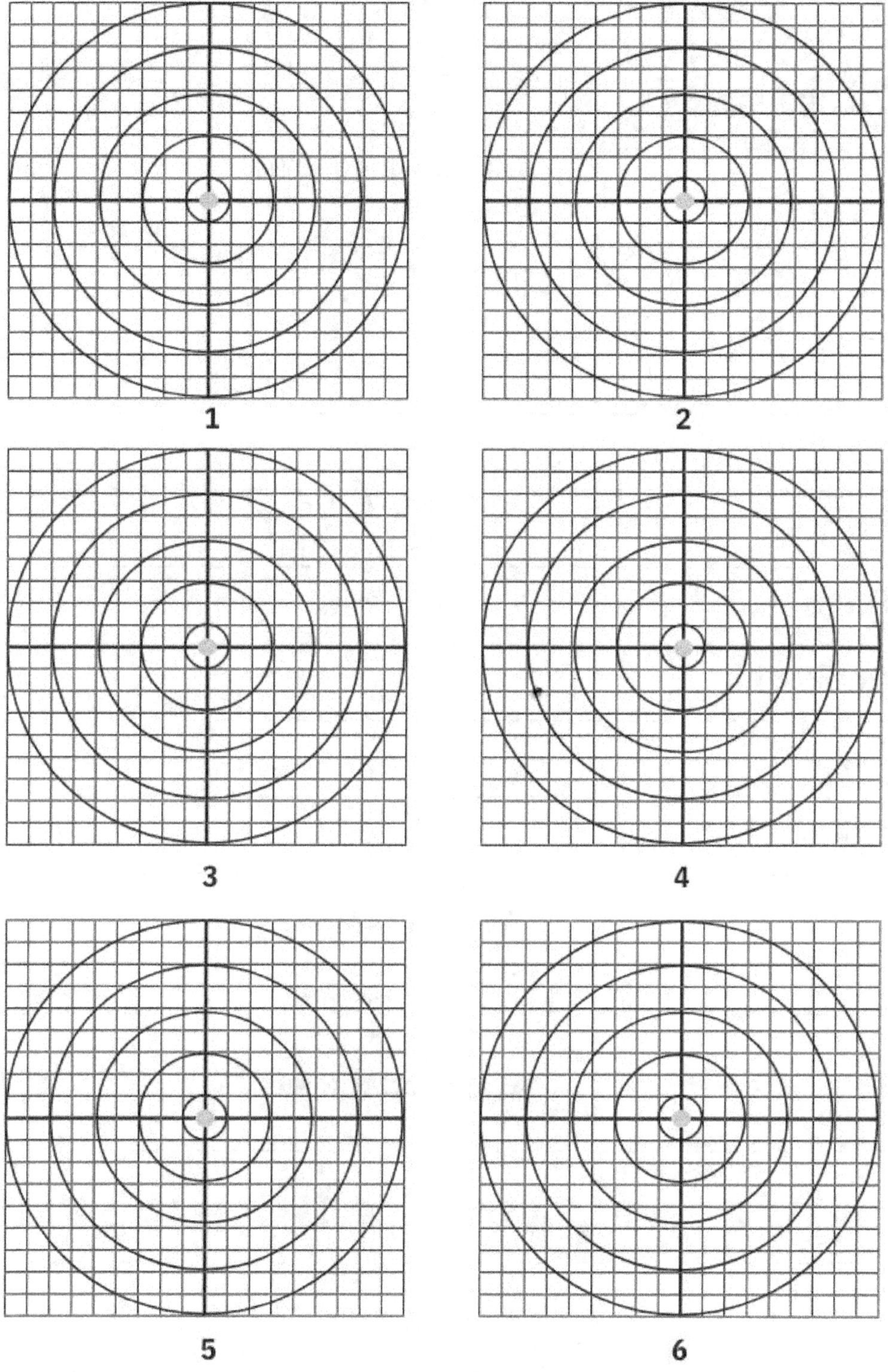

Idealny pomysł na prezent dla początkujących i profesjonalistów

Dziennik danych strzelectwa sportowego

📅 Data: _________________________   🕐 Czas: _________________

📍 Lokalizacja: ____

Warunki pogodowe

☐   ☐   ☐   ☐   ☐   ☐   ___________   ___________

Strażak:	
Pocisk:	Głębokość siedzenia:
Proszek:	Ziarna:
Podkład:	
Mosiądz:	
Odległość:	

Wyniki ogólne

☐ zły   ☐ targi   ☐ dobra   ☐ doskonale

Uwagi dodatkowe

____

____

____

☆ ☆ ☆ ☆ ☆

Idealny pomysł na prezent dla początkujących i profesjonalistów

Dziennik danych strzelectwa sportowego

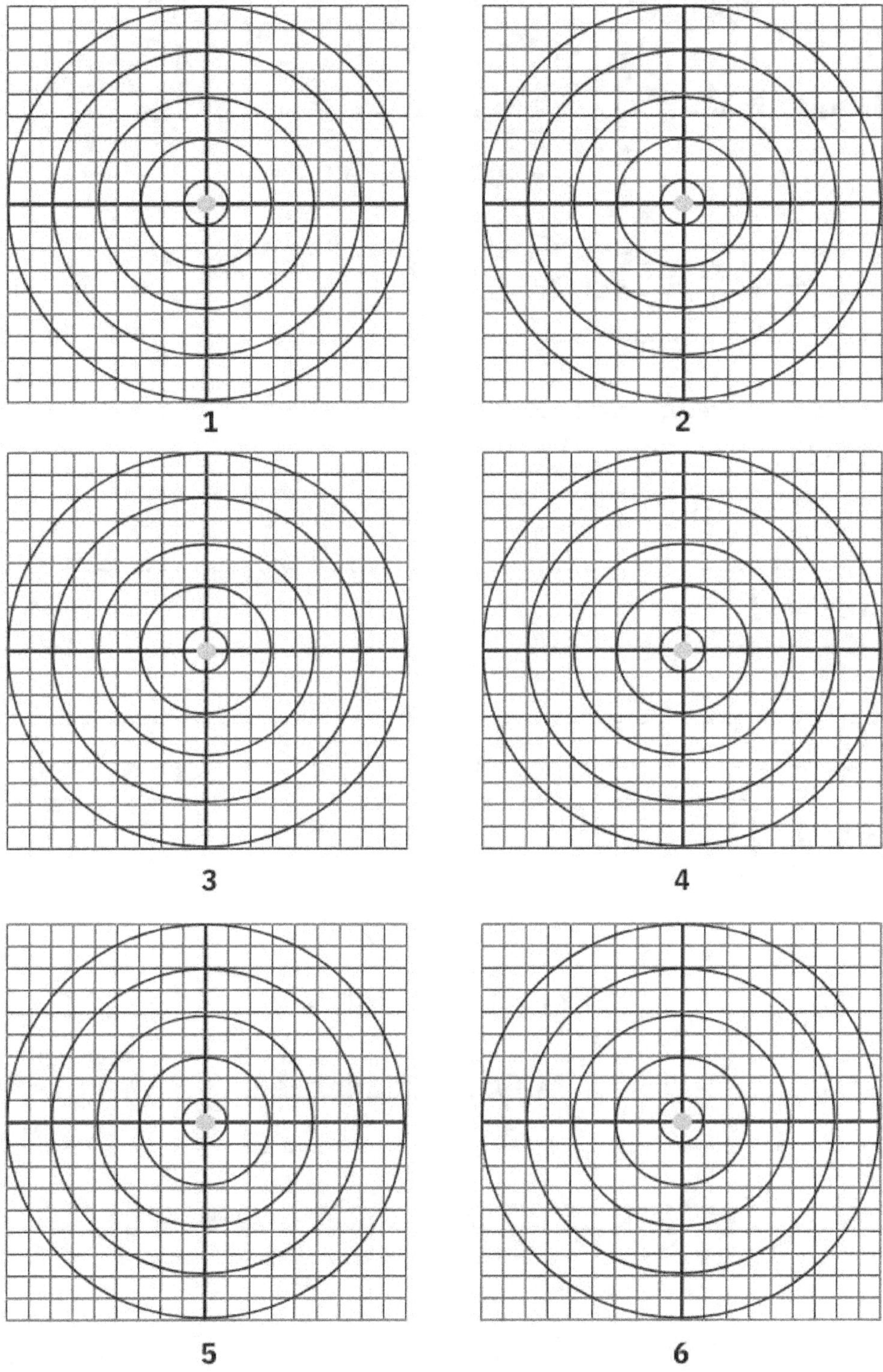

Idealny pomysł na prezent dla początkujących i profesjonalistów

Dziennik danych strzelectwa sportowego

📅 Data: _____________________ 🕐 Czas: _________

📍 Lokalizacja: _________________________________

Warunki pogodowe

☐　☐　☐　☐　☐　☐

Strażak:	
Pocisk:	Głębokość siedzenia:
Proszek:	Ziarna:
Podkład:	
Mosiądz:	
Odległość:	

Wyniki ogólne

☐ zły　　☐ targi　　☐ dobra　　☐ doskonale

Uwagi dodatkowe

____

____

____

☆ ☆ ☆ ☆ ☆

Idealny pomysł na prezent dla początkujących i profesjonalistów

Dziennik danych strzelectwa sportowego

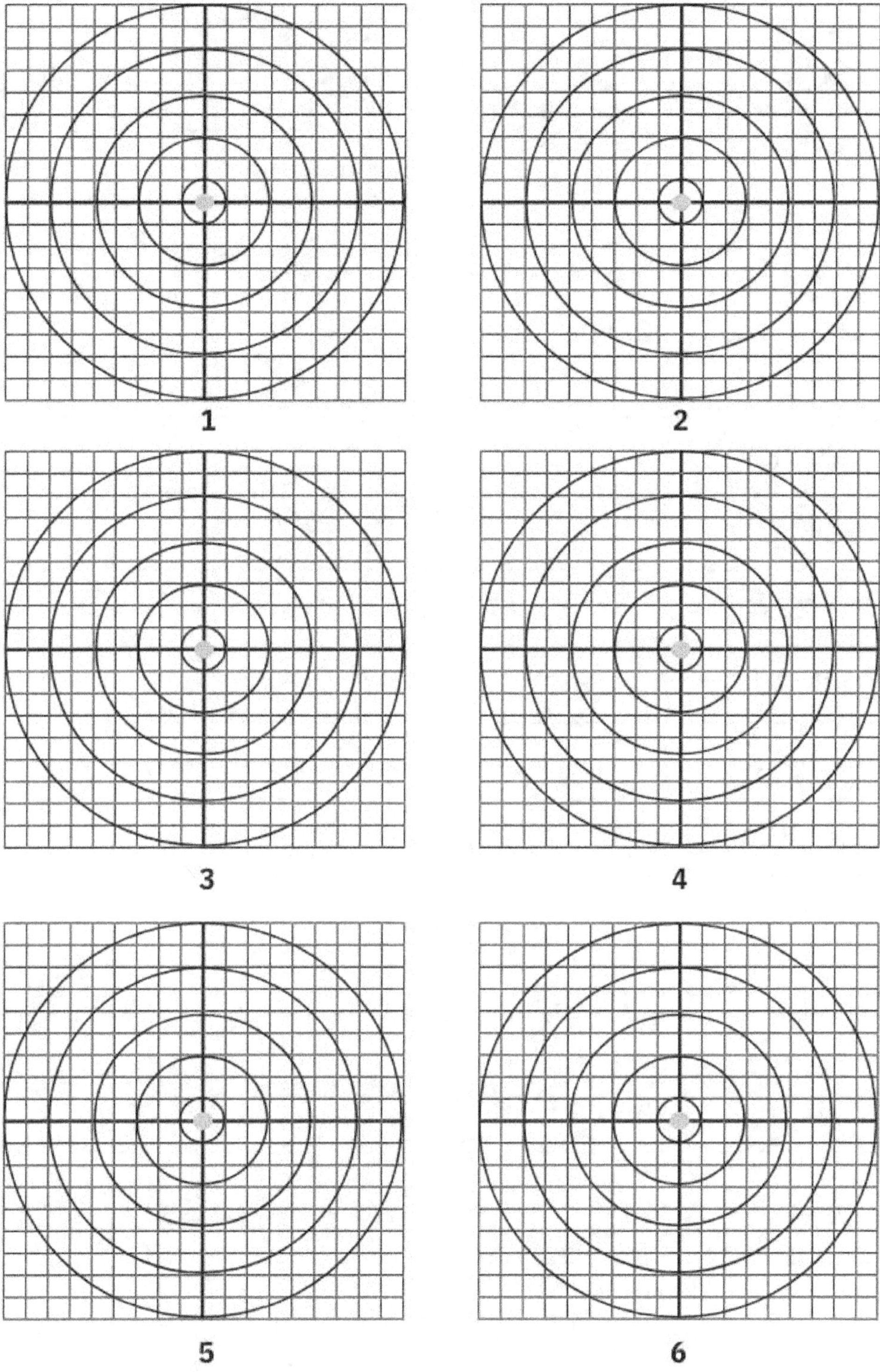

Idealny pomysł na prezent dla początkujących i profesjonalistów

Dziennik danych strzelectwa sportowego

📅 Data: _________________ 🕐 Czas: __________

📍 Lokalizacja: _______________________________

Warunki pogodowe

☀ ☐ ⛅ ☐ 🌥 ☐ 🌦 ☐ 🌧 ☐ 🌨 ☐ 🚩 ______ 🌡 ______

Strażak:	
Pocisk:	Głębokość siedzenia:
Proszek:	Ziarna:
Podkład:	
Mosiądz:	
Odległość:	

Wyniki ogólne

☐ zły   ☐ targi   ☐ dobra   ☐ doskonale

Uwagi dodatkowe

____

____

____

☆ ☆ ☆ ☆ ☆

Idealny pomysł na prezent dla początkujących i profesjonalistów

Dziennik danych strzelectwa sportowego

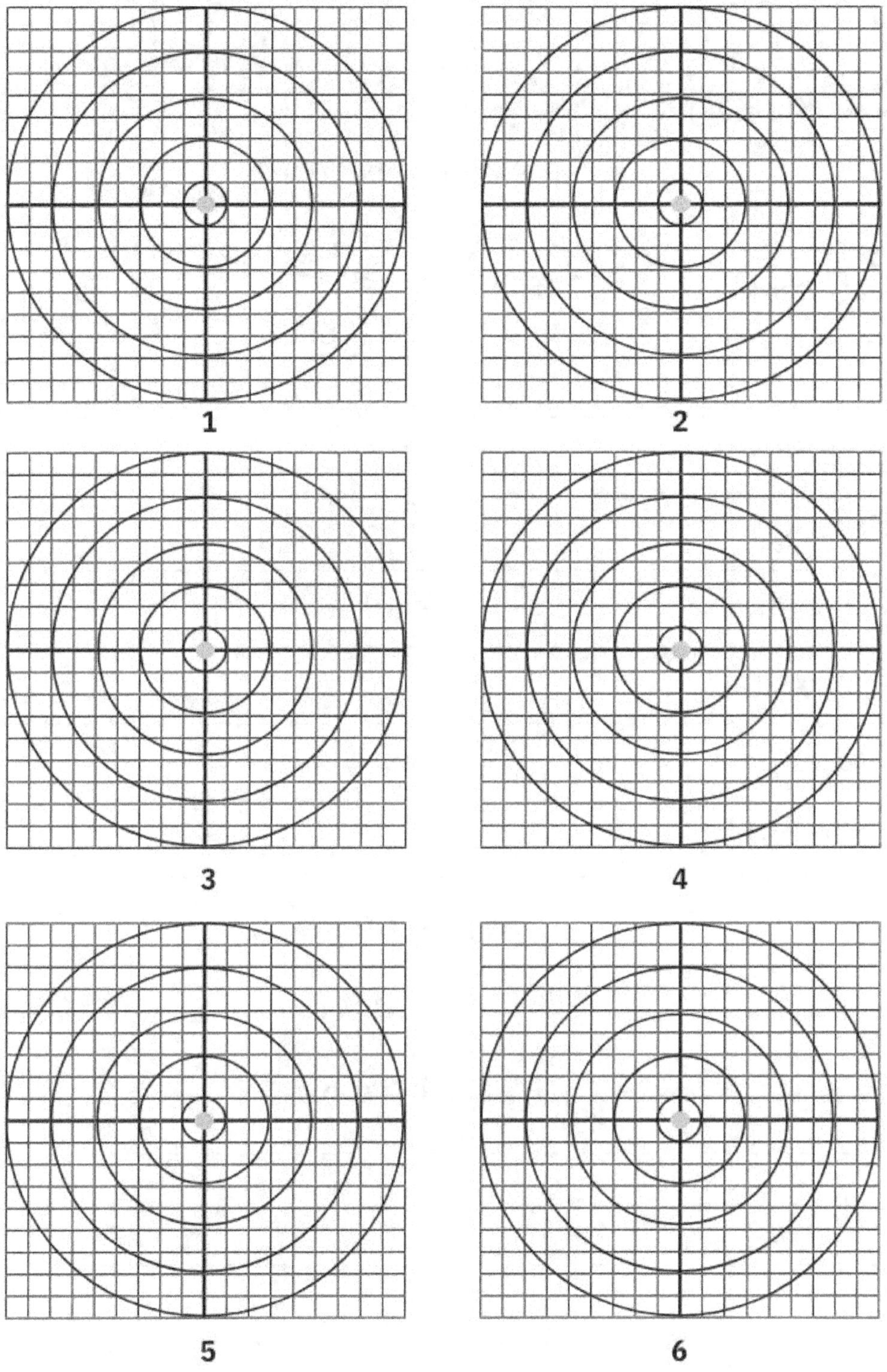

Idealny pomysł na prezent dla początkujących i profesjonalistów

Dziennik danych strzelectwa sportowego

📅 Data: _________________ 🕐 Czas: _________

📍 Lokalizacja: _______________________________

Warunki pogodowe

☐ ☐ ☐ ☐ ☐ ☐ ___ ___

Strażak:	
Pocisk:	Głębokość siedzenia:
Proszek:	Ziarna:
Podkład:	
Mosiądz:	
Odległość:	

Wyniki ogólne

☐ zły ☐ targi ☐ dobra ☐ doskonale

Uwagi dodatkowe

____

____

____

☆ ☆ ☆ ☆ ☆

Idealny pomysł na prezent dla początkujących i profesjonalistów

Dziennik danych strzelectwa sportowego

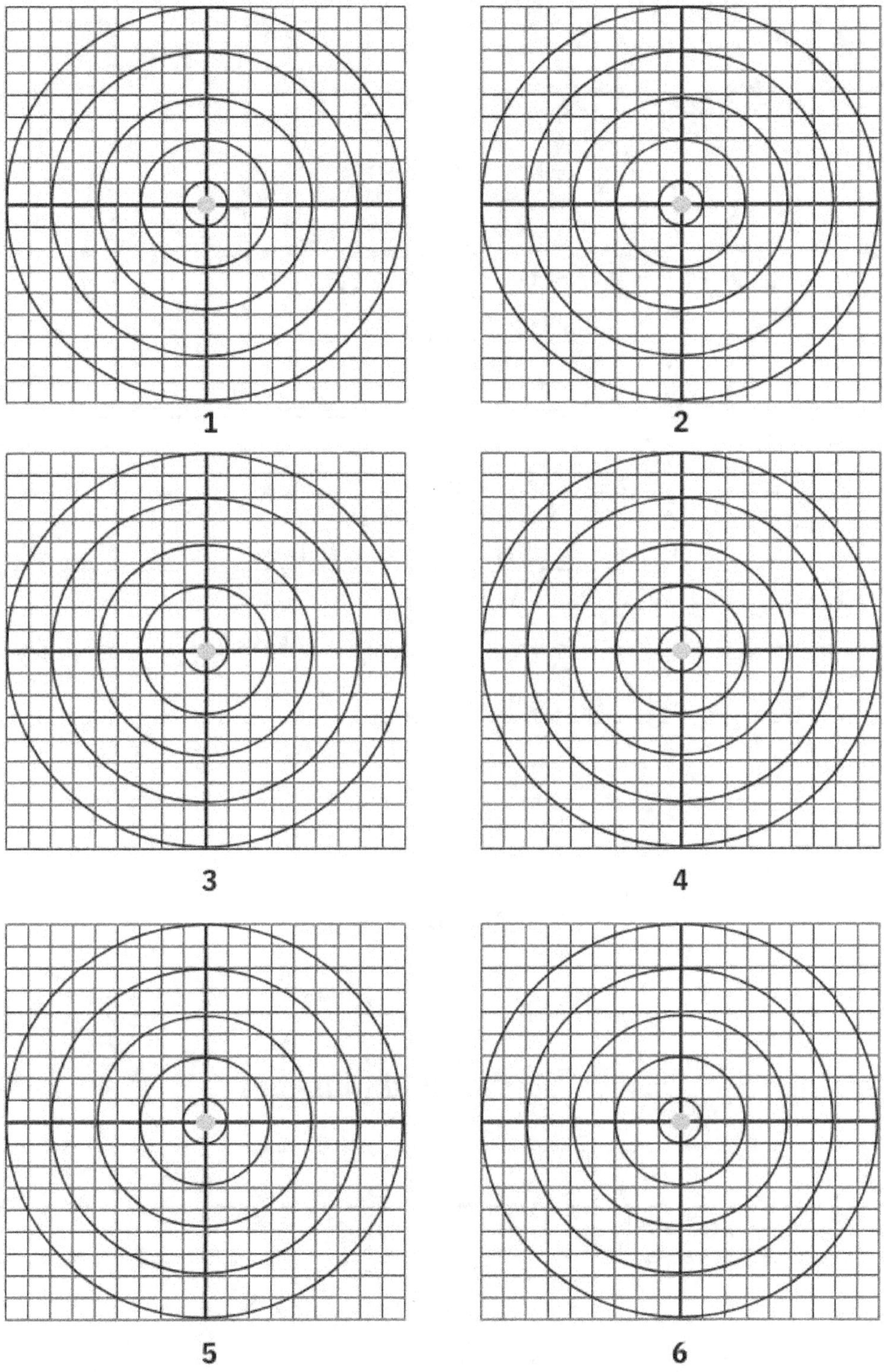

Idealny pomysł na prezent dla początkujących i profesjonalistów

Dziennik danych strzelectwa sportowego

📅 Data: _______________ 🕐 Czas: _______________

📍 Lokalizacja: _______________________________

Warunki pogodowe

☐   ☐   ☐   ☐   ☐   ☐   ___   ___

Strażak:	
Pocisk:	Głębokość siedzenia:
Proszek:	Ziarna:
Podkład:	
Mosiądz:	
Odległość:	

Wyniki ogólne

☐ zły   ☐ targi   ☐ dobra   ☐ doskonale

Uwagi dodatkowe

____

____

____

☆ ☆ ☆ ☆ ☆

Idealny pomysł na prezent dla początkujących i profesjonalistów

Dziennik danych strzelectwa sportowego

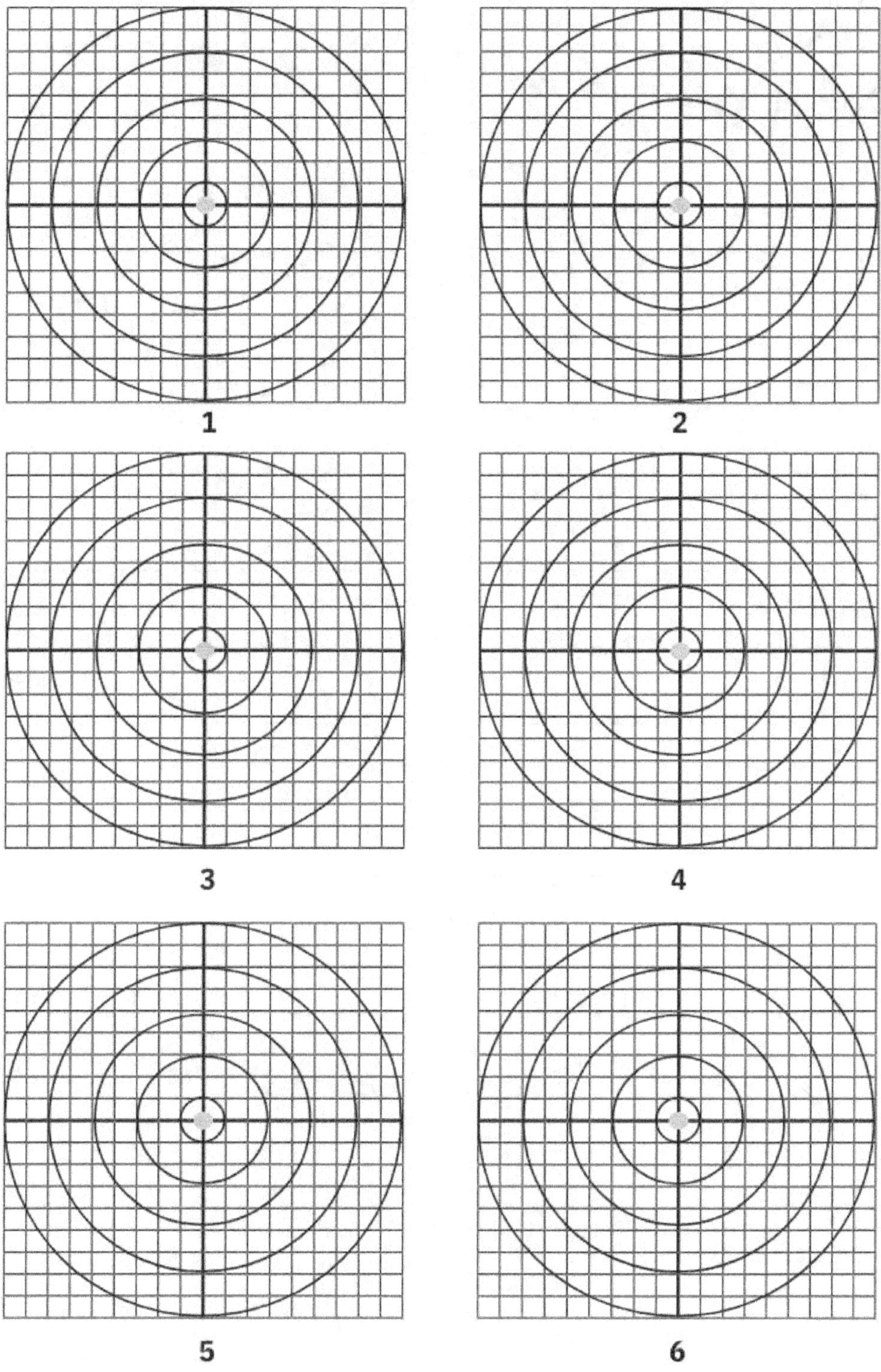

Idealny pomysł na prezent dla początkujących i profesjonalistów

Dziennik danych strzelectwa sportowego

📅 Data: ________________________   🕐 Czas: __________

📍 Lokalizacja: ________________________________

Warunki pogodowe

☐   ☐   ☐   ☐   ☐   ☐   ______   ______

Strażak:	
Pocisk:	Głębokość siedzenia:
Proszek:	Ziarna:
Podkład:	
Mosiądz:	
Odległość:	

Wyniki ogólne

☐ zły   ☐ targi   ☐ dobra   ☐ doskonale

Uwagi dodatkowe

____

____

____

☆ ☆ ☆ ☆ ☆

Idealny pomysł na prezent dla początkujących i profesjonalistów

Dziennik danych strzelectwa sportowego

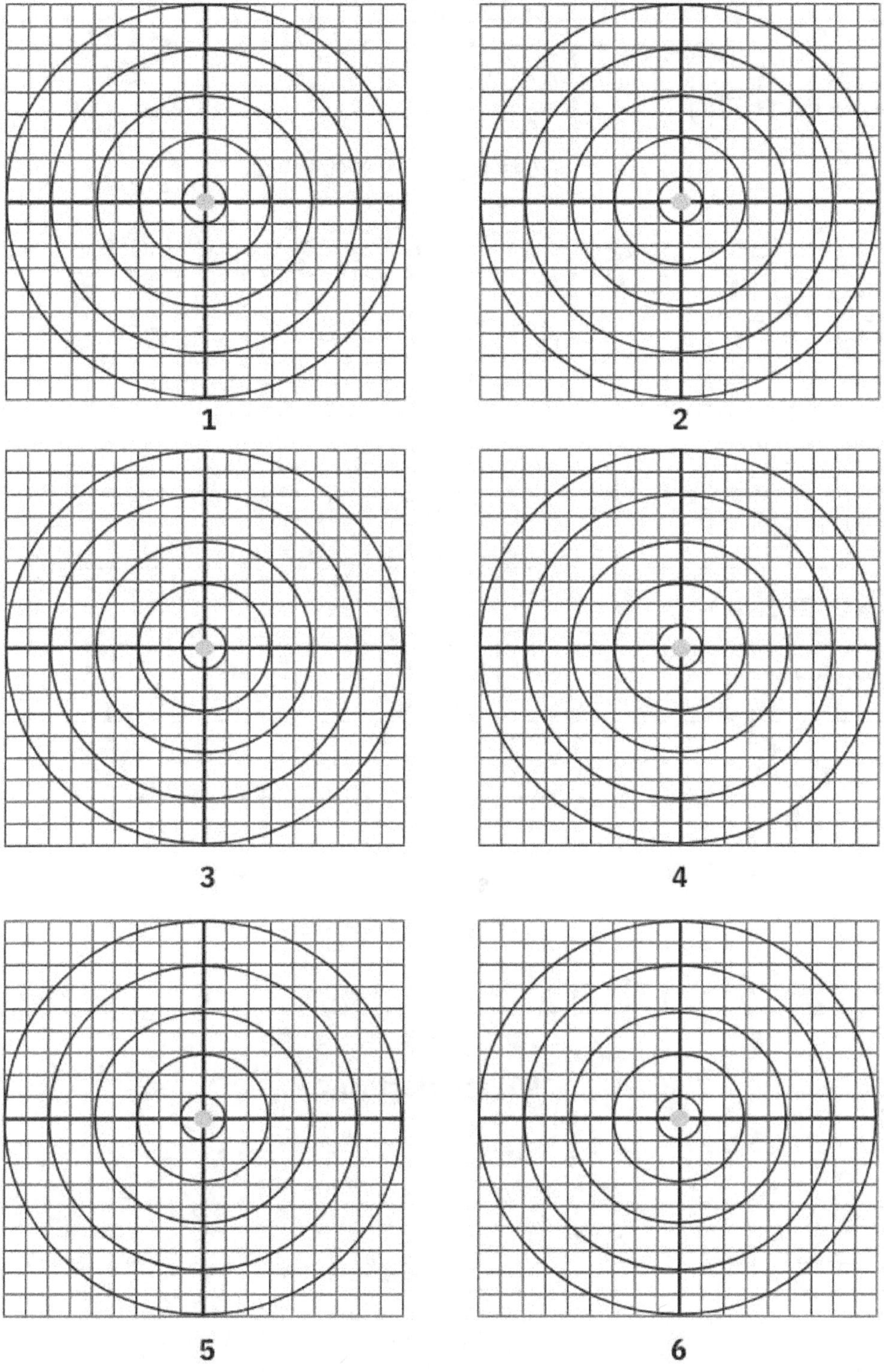

Idealny pomysł na prezent dla początkujących i profesjonalistów

Dziennik danych strzelectwa sportowego

📅 Data: __________________ 🕐 Czas: __________

📍 Lokalizacja: __________________________________

Warunki pogodowe

☐ ☐ ☐ ☐ ☐ ☐ ⚑ ________ 🌡 ________

Strażak:	
Pocisk:	Głębokość siedzenia:
Proszek:	Ziarna:
Podkład:	
Mosiądz:	
Odległość:	

Wyniki ogólne

☐ zły   ☐ targi   ☐ dobra   ☐ doskonale

Uwagi dodatkowe

____

____

____

☆ ☆ ☆ ☆ ☆

Idealny pomysł na prezent dla początkujących i profesjonalistów

Dziennik danych strzelectwa sportowego

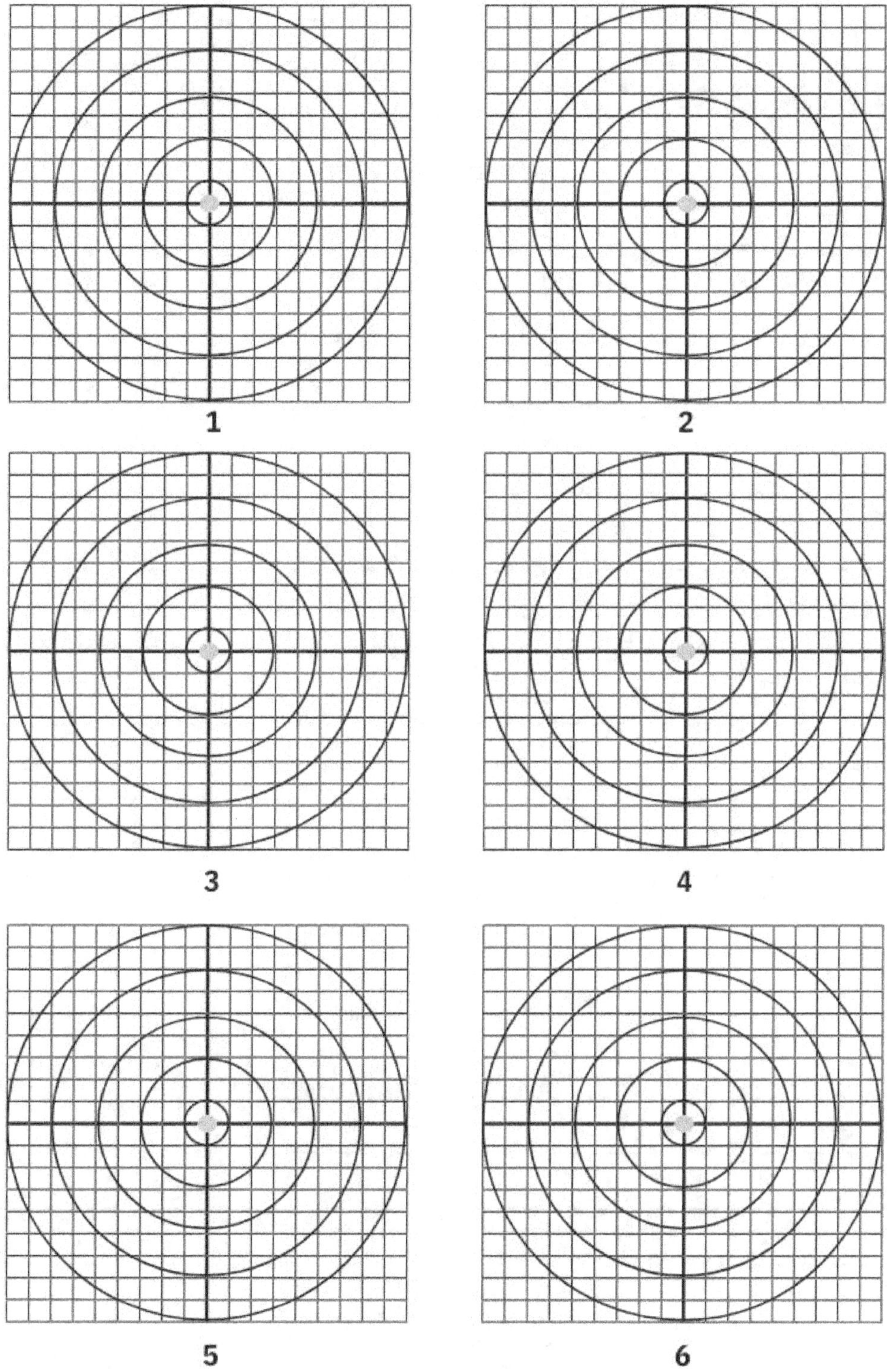

Idealny pomysł na prezent dla początkujących i profesjonalistów

Dziennik danych strzelectwa sportowego

📅 Data: _________________ 🕐 Czas: _________

📍 Lokalizacja: _________________________

Warunki pogodowe

☀ ☐   ☁ ☐   🌤 ☐   🌧 ☐   🌧 ☐   🌨 ☐   🚩 _______   🌡 _______

Strażak:	
Pocisk:	Głębokość siedzenia:
Proszek:	Ziarna:
Podkład:	
Mosiądz:	
Odległość:	

Wyniki ogólne

☐ zły   ☐ targi   ☐ dobra   ☐ doskonale

Uwagi dodatkowe

____

____

____

☆ ☆ ☆ ☆ ☆

Idealny pomysł na prezent dla początkujących i profesjonalistów

Dziennik danych strzelectwa sportowego

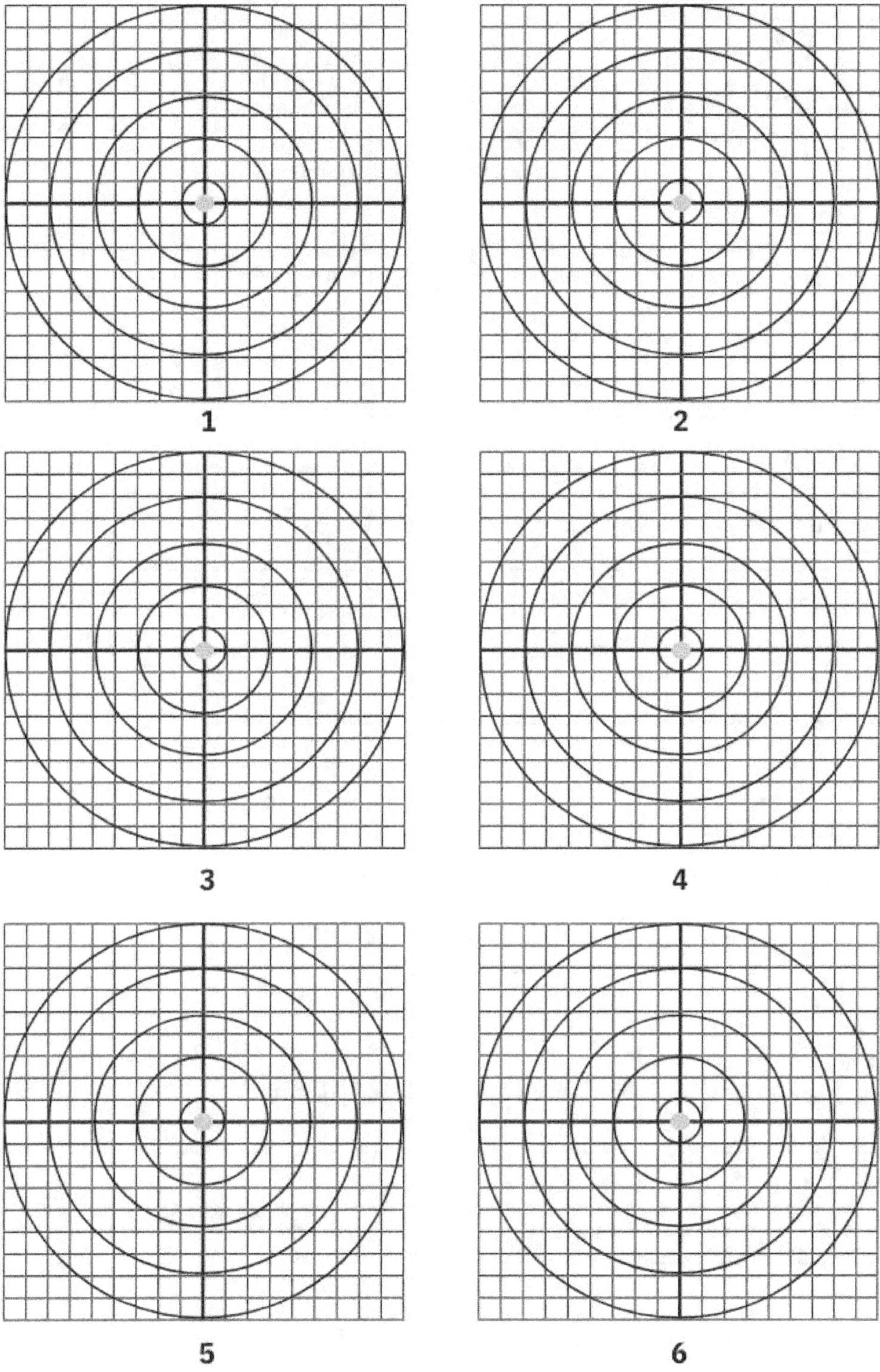

Idealny pomysł na prezent dla początkujących i profesjonalistów

Dziennik danych strzelectwa sportowego

📅 Data: _________________________   🕐 Czas: _________

📍 Lokalizacja: ____

Warunki pogodowe

☀ ☐   ⛅ ☐   🌥 ☐   🌧 ☐   🌧 ☐   🌨 ☐   🚩 _________   🌡 _________

Strażak:	
Pocisk:	Głębokość siedzenia:
Proszek:	Ziarna:
Podkład:	
Mosiądz:	
Odległość:	

Wyniki ogólne

☐ zły   ☐ targi   ☐ dobra   ☐ doskonale

Uwagi dodatkowe

____

____

____

☆ ☆ ☆ ☆ ☆

Idealny pomysł na prezent dla początkujących i profesjonalistów

Dziennik danych strzelectwa sportowego

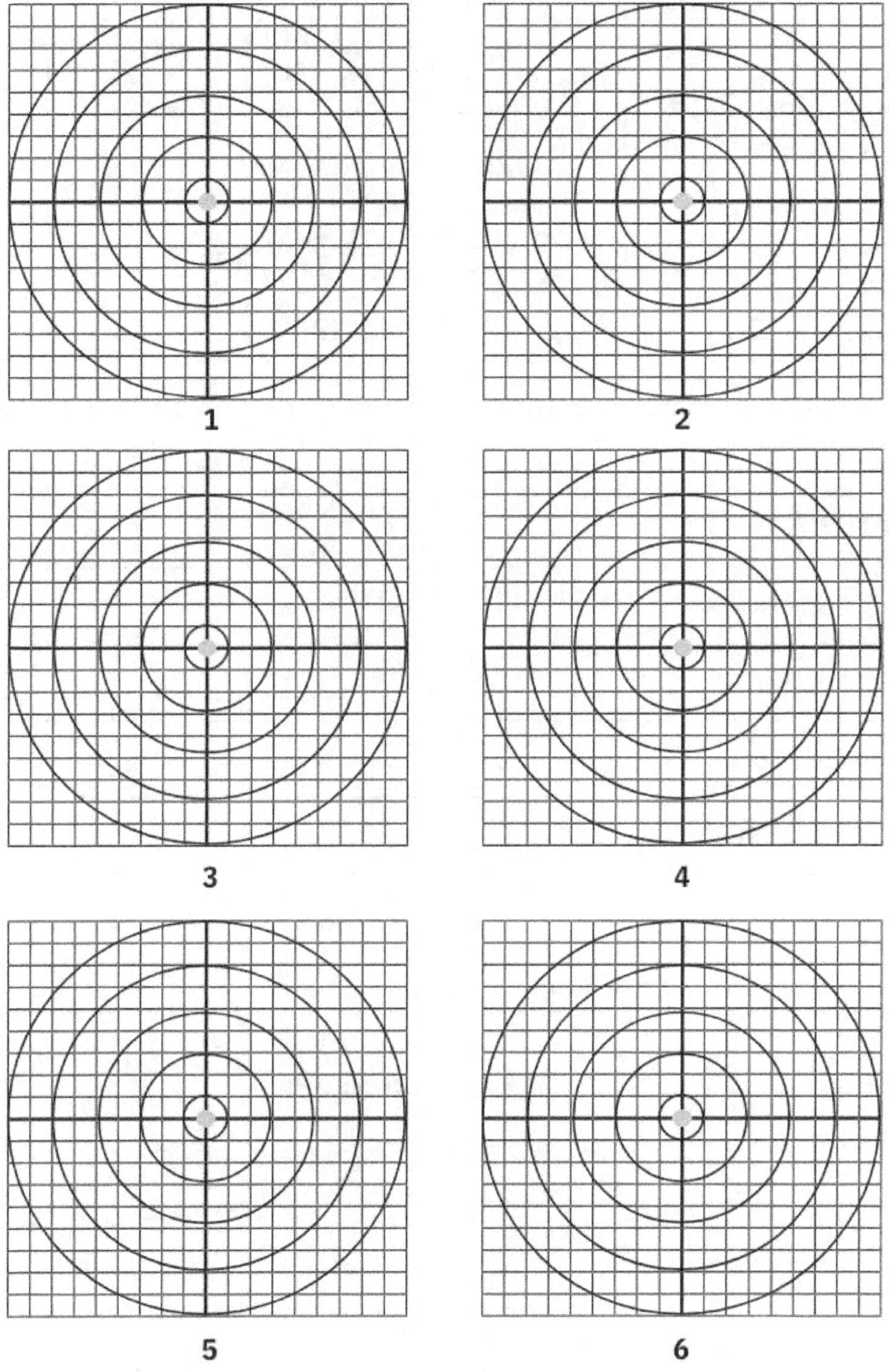

Idealny pomysł na prezent dla początkujących i profesjonalistów

Dziennik danych strzelectwa sportowego

📅 Data: _______________   🕐 Czas: _______________

📍 Lokalizacja: _______________________________

Warunki pogodowe

☐　　☐　　☐　　☐　　☐　　☐

Strażak:	
Pocisk:	Głębokość siedzenia:
Proszek:	Ziarna:
Podkład:	
Mosiądz:	
Odległość:	

Wyniki ogólne

☐ zły　　　☐ targi　　　☐ dobra　　　☐ doskonale

Uwagi dodatkowe

____

____

____

☆ ☆ ☆ ☆ ☆

Idealny pomysł na prezent dla początkujących i profesjonalistów

Dziennik danych strzelectwa sportowego

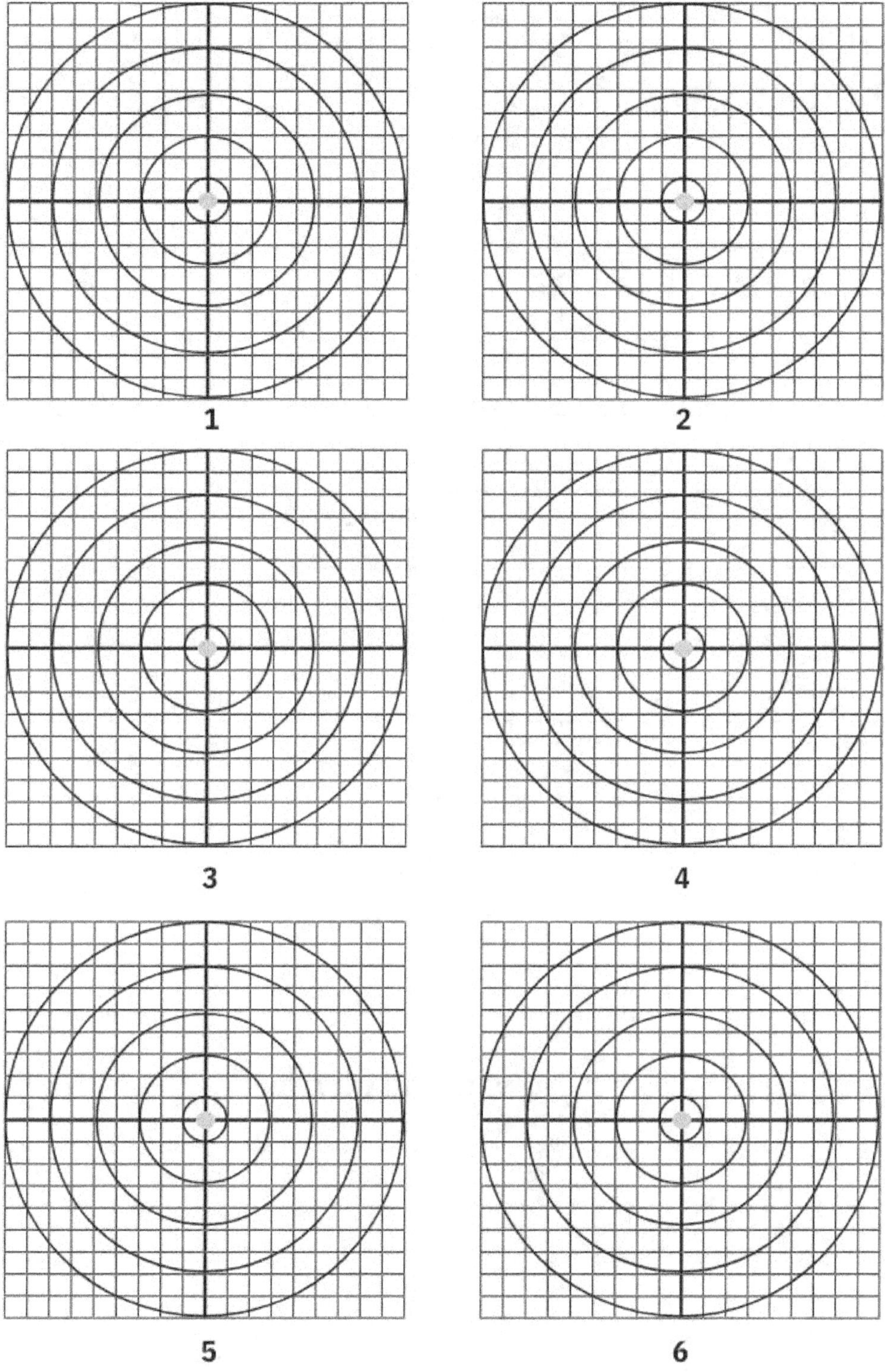

Idealny pomysł na prezent dla początkujących i profesjonalistów

Dziennik danych strzelectwa sportowego

📅 Data: _______________________ 🕐 Czas: _____________

📍 Lokalizacja: _______________________________________

Warunki pogodowe

☐ ☐ ☐ ☐ ☐ ☐ ___ ___

Strażak:	
Pocisk:	Głębokość siedzenia:
Proszek:	Ziarna:
Podkład:	
Mosiądz:	
Odległość:	

Wyniki ogólne

☐ zły ☐ targi ☐ dobra ☐ doskonale

Uwagi dodatkowe

____

____

____

☆ ☆ ☆ ☆ ☆

Idealny pomysł na prezent dla początkujących i profesjonalistów

Dziennik danych strzelectwa sportowego

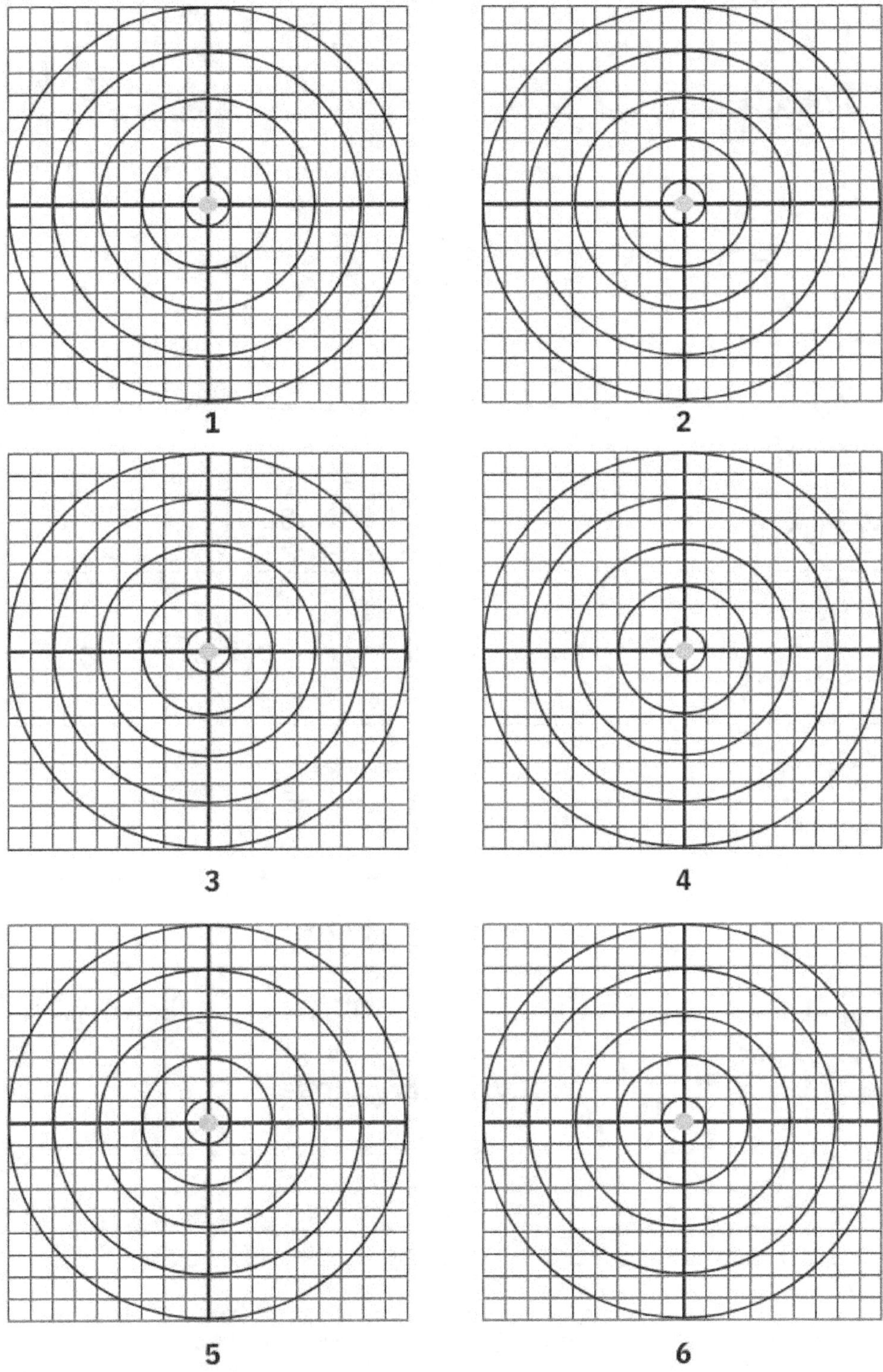

Idealny pomysł na prezent dla początkujących i profesjonalistów

Dziennik danych strzelectwa sportowego

📅 Data: _______________ 🕐 Czas: _________

📍 Lokalizacja: _________________________

Warunki pogodowe

☐   ☐   ☐   ☐   ☐   ☐   ▷ _______   🌡 _______

Strażak:	
Pocisk:	Głębokość siedzenia:
Proszek:	Ziarna:
Podkład:	
Mosiądz:	
Odległość:	

Wyniki ogólne

☐ zły   ☐ targi   ☐ dobra   ☐ doskonale

Uwagi dodatkowe

____

____

____

☆ ☆ ☆ ☆ ☆

Idealny pomysł na prezent dla początkujących i profesjonalistów

Dziennik danych strzelectwa sportowego

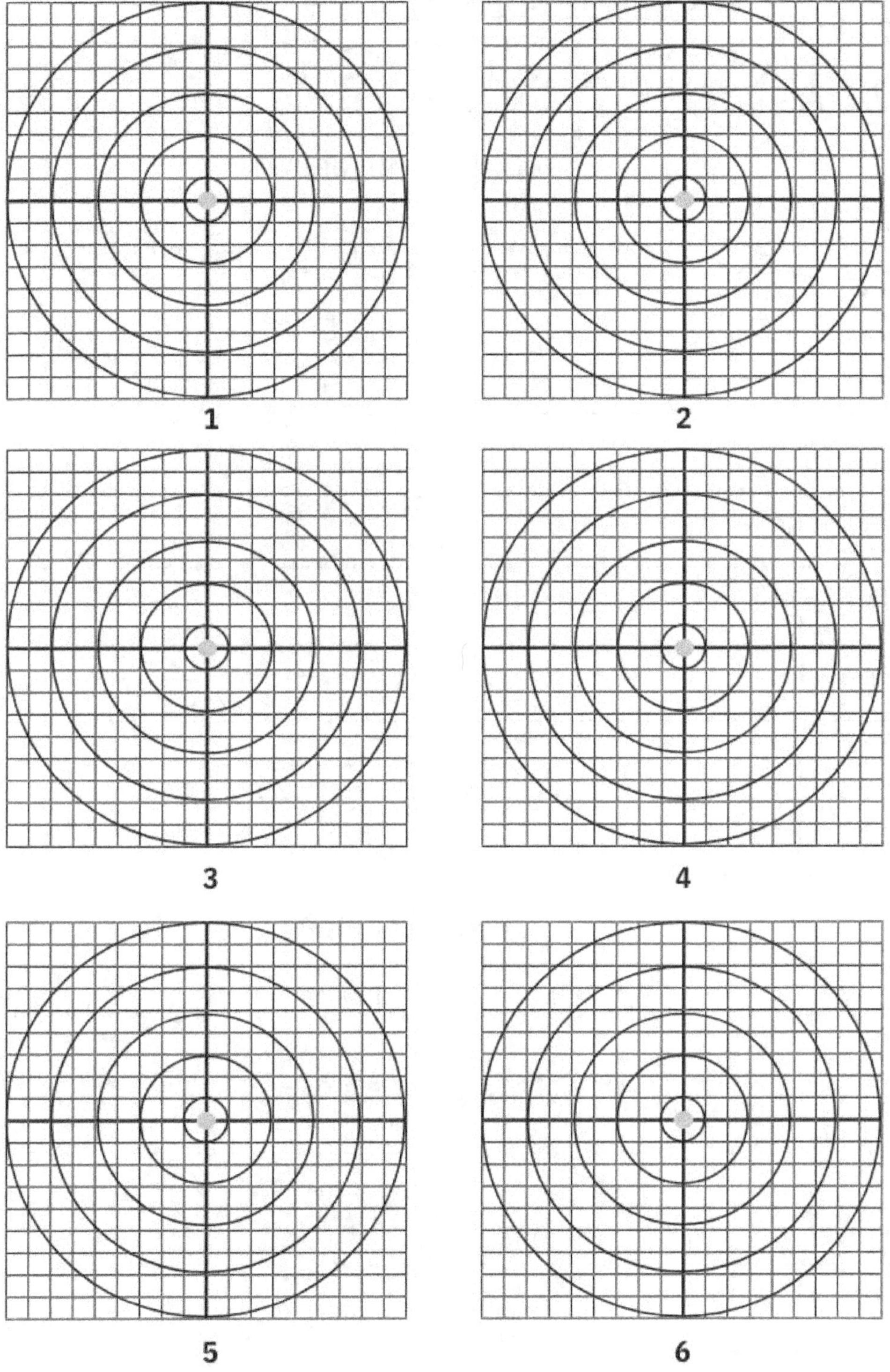

Idealny pomysł na prezent dla początkujących i profesjonalistów

Dziennik danych strzelectwa sportowego

📅 Data: _______________________ 🕐 Czas: _____________

📍 Lokalizacja: ____

Warunki pogodowe

☐ ☐ ☐ ☐ ☐ ☐ _______ _______

Strażak:	
Pocisk:	Głębokość siedzenia:
Proszek:	Ziarna:
Podkład:	
Mosiądz:	
Odległość:	

Wyniki ogólne

☐ zły   ☐ targi   ☐ dobra   ☐ doskonale

Uwagi dodatkowe

____

____

____

☆ ☆ ☆ ☆ ☆

Idealny pomysł na prezent dla początkujących i profesjonalistów

Dziennik danych strzelectwa sportowego

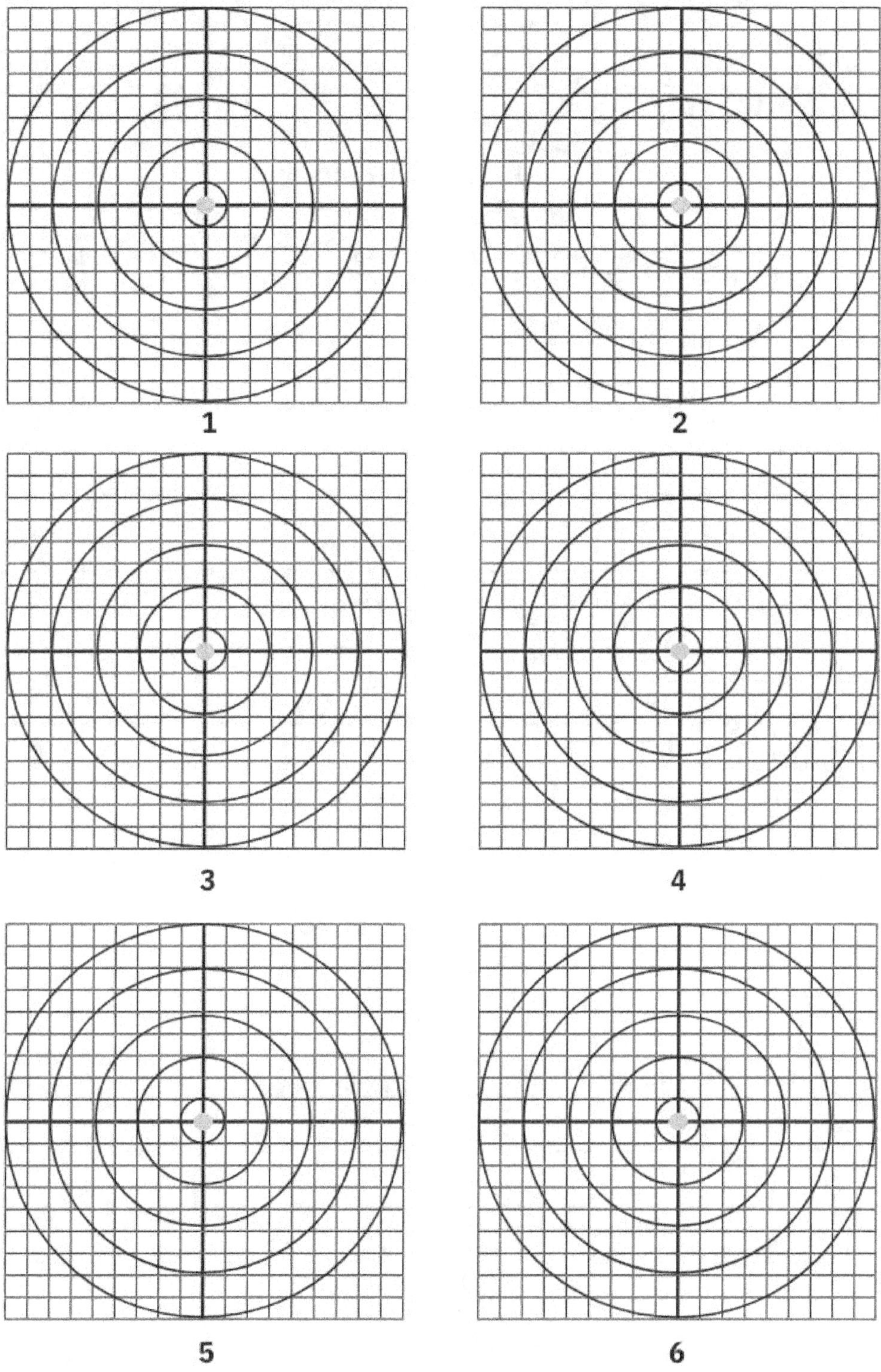

Idealny pomysł na prezent dla początkujących i profesjonalistów

Dziennik danych strzelectwa sportowego

📅 Data: _________________   🕐 Czas: _________

📍 Lokalizacja: _______________________________

Warunki pogodowe

☐   ☐   ☐   ☐   ☐   ☐

Strażak:	
Pocisk:	Głębokość siedzenia:
Proszek:	Ziarna:
Podkład:	
Mosiądz:	
Odległość:	

Wyniki ogólne

☐ zły   ☐ targi   ☐ dobra   ☐ doskonale

Uwagi dodatkowe

____

____

____

☆ ☆ ☆ ☆ ☆

Idealny pomysł na prezent dla początkujących i profesjonalistów

Dziennik danych strzelectwa sportowego

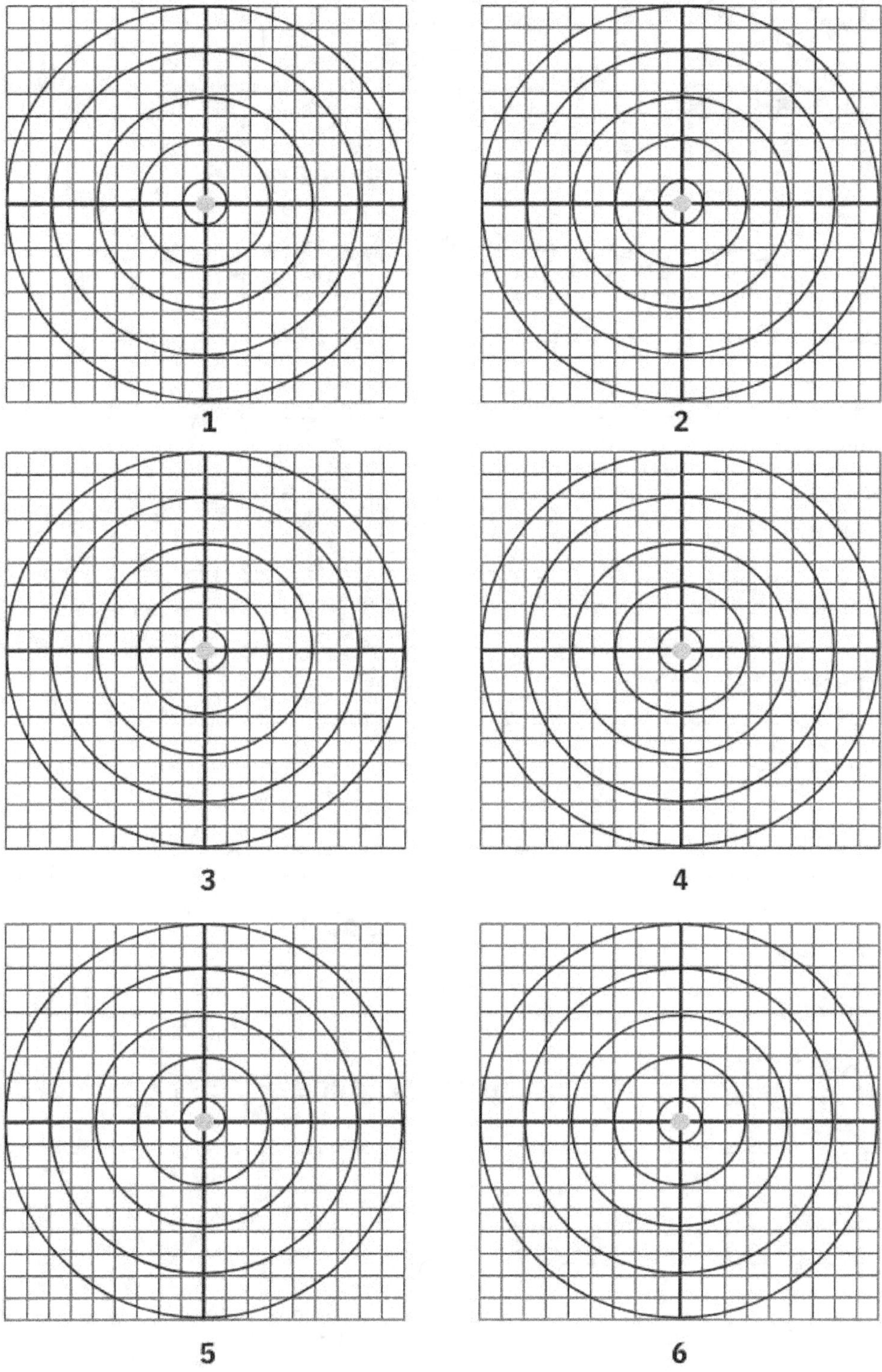

Idealny pomysł na prezent dla początkujących i profesjonalistów

Dziennik danych strzelectwa sportowego

📅 Data: _________________________ 🕐 Czas: _________

📍 Lokalizacja: _________________________________

Warunki pogodowe

☀️ ☁️ 🌤️ 🌦️ 🌧️ 🌨️ 🚩 🌡️
☐   ☐   ☐   ☐   ☐   ☐

Strażak:	
Pocisk:	Głębokość siedzenia:
Proszek:	Ziarna:
Podkład:	
Mosiądz:	
Odległość:	

Wyniki ogólne

☐ zły   ☐ targi   ☐ dobra   ☐ doskonale

Uwagi dodatkowe

____

____

____

☆ ☆ ☆ ☆ ☆

Idealny pomysł na prezent dla początkujących i profesjonalistów

Dziennik danych strzelectwa sportowego

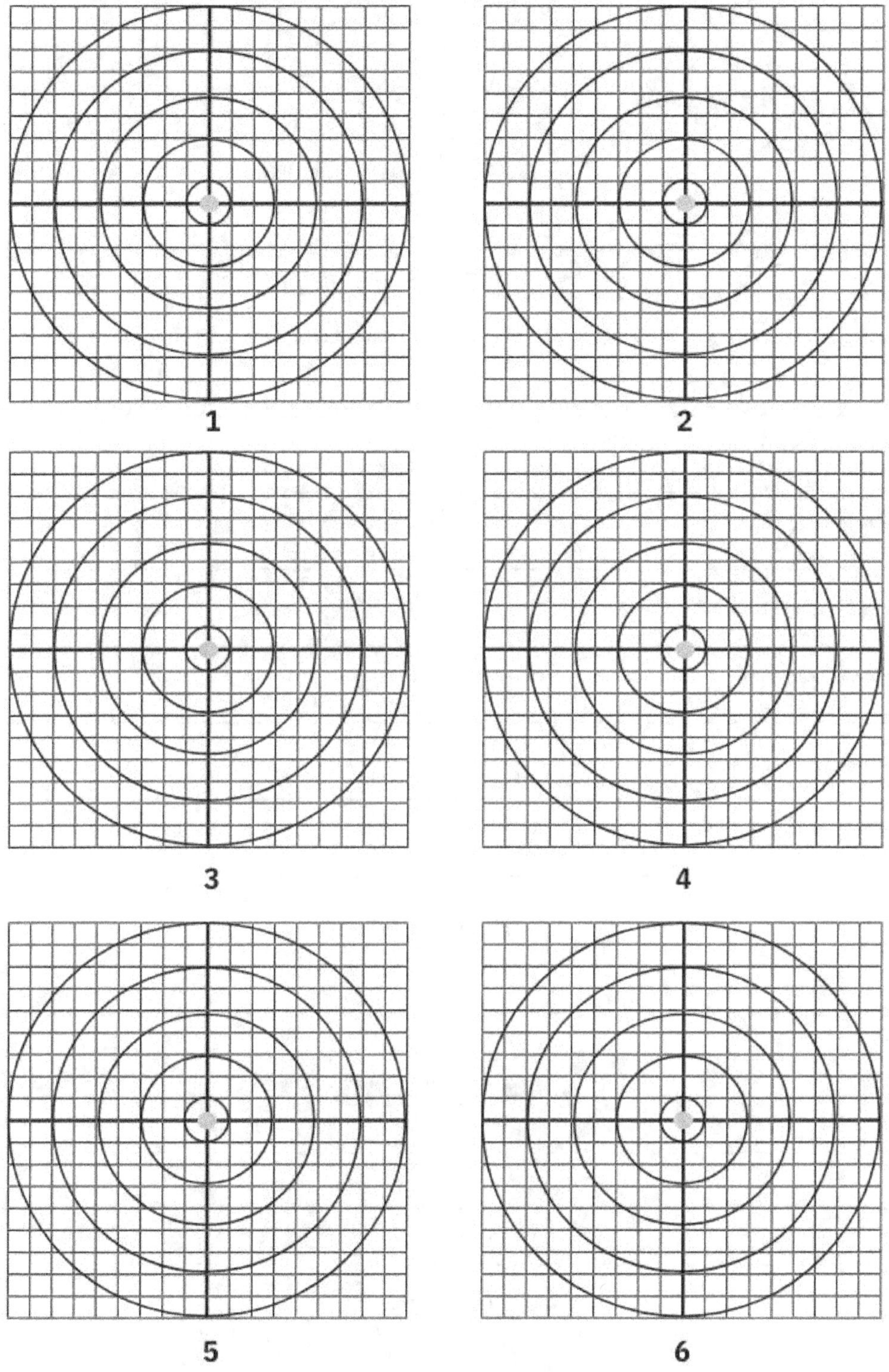

Idealny pomysł na prezent dla początkujących i profesjonalistów

Dziennik danych strzelectwa sportowego

📅 **Data:** _________________________   🕐 **Czas:** _____________

📍 **Lokalizacja:** _______________________________________

Warunki pogodowe

☐　　☐　　☐　　☐　　☐　　☐

Strażak:	
Pocisk:	Głębokość siedzenia:
Proszek:	Ziarna:
Podkład:	
Mosiądz:	
Odległość:	

Wyniki ogólne

☐ zły　　　☐ targi　　　☐ dobra　　　☐ doskonale

Uwagi dodatkowe

____

____

____

☆ ☆ ☆ ☆ ☆

Idealny pomysł na prezent dla początkujących i profesjonalistów

Dziennik danych strzelectwa sportowego

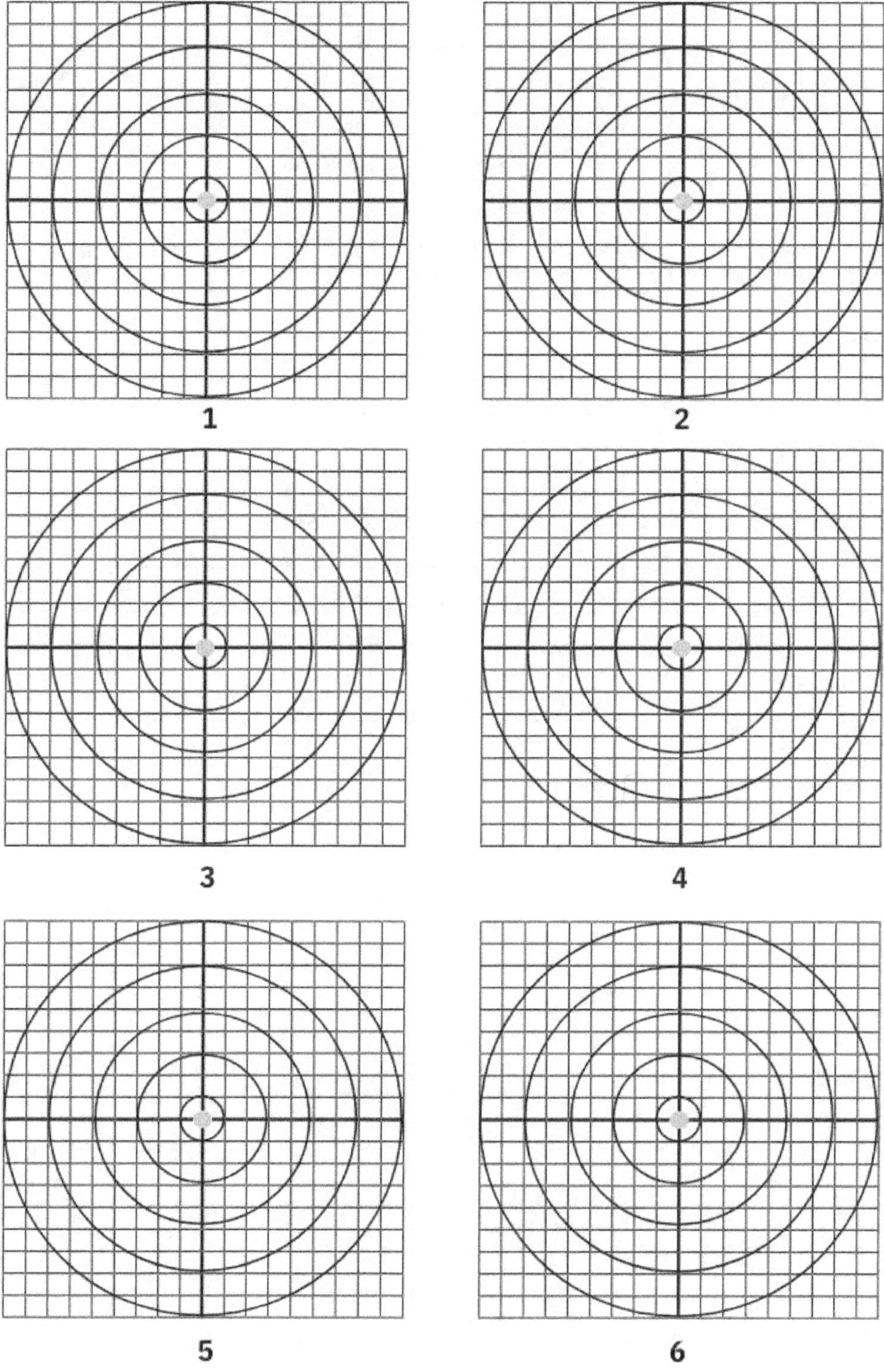

Idealny pomysł na prezent dla początkujących i profesjonalistów

Dziennik danych strzelectwa sportowego

📅 Data: _________________________   🕐 Czas: __________

📍 Lokalizacja: ____

Warunki pogodowe

☐   ☐   ☐   ☐   ☐   ☐   ________   ________

Strażak:	
Pocisk:	Głębokość siedzenia:
Proszek:	Ziarna:
Podkład:	
Mosiądz:	
Odległość:	

Wyniki ogólne

☐ zły   ☐ targi   ☐ dobra   ☐ doskonale

Uwagi dodatkowe

____

____

____

☆ ☆ ☆ ☆ ☆

Idealny pomysł na prezent dla początkujących i profesjonalistów

Dziennik danych strzelectwa sportowego

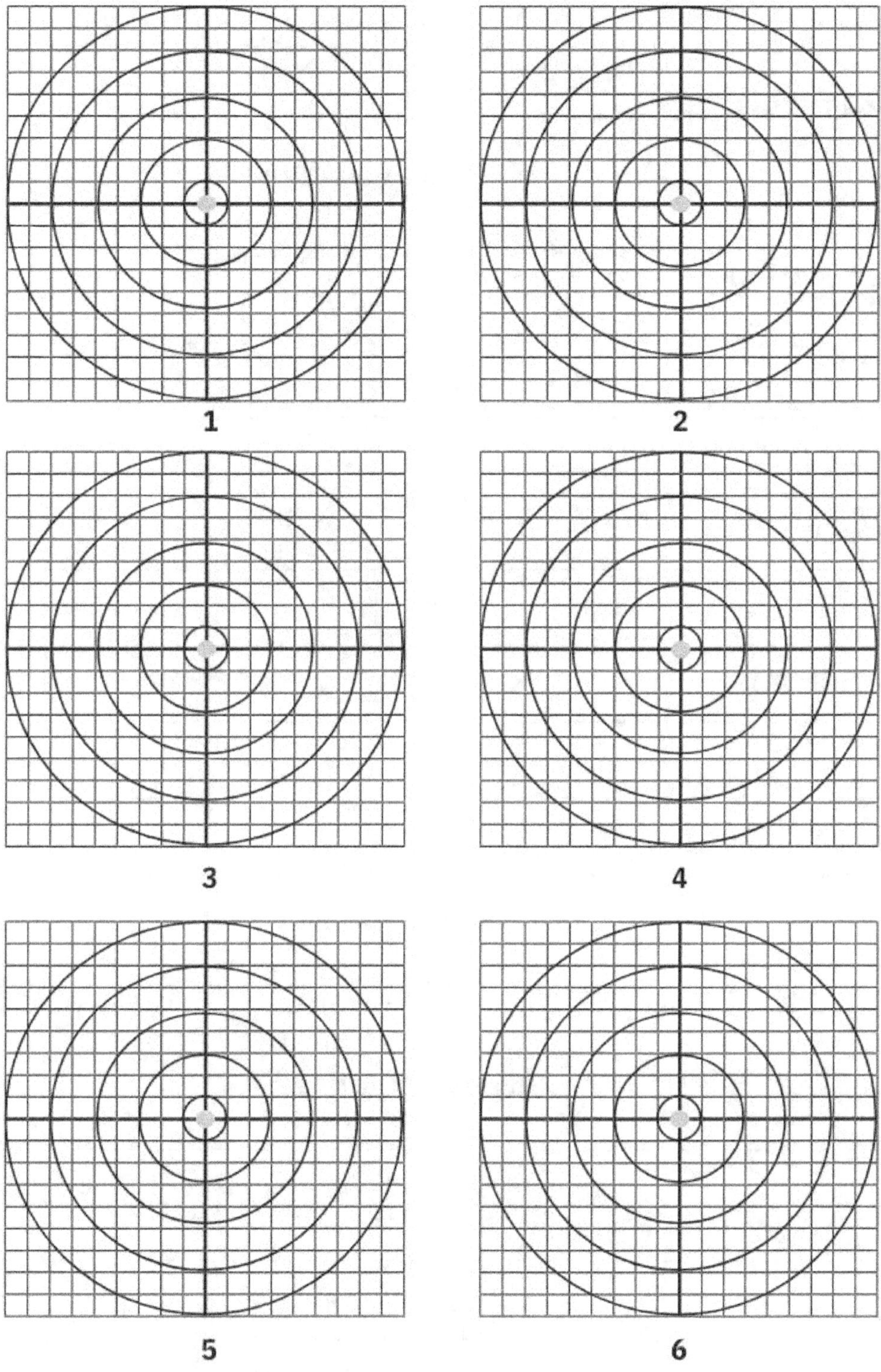

Idealny pomysł na prezent dla początkujących i profesjonalistów

Dziennik danych strzelectwa sportowego

📅 Data: ___________________ 🕐 Czas: __________

📍 Lokalizacja: ______________________________________

Warunki pogodowe

☐　　☐　　☐　　☐　　☐　　☐　　___________　　___________

Strażak:	
Pocisk:	Głębokość siedzenia:
Proszek:	Ziarna:
Podkład:	
Mosiądz:	
Odległość:	

Wyniki ogólne

☐ zły　　　☐ targi　　　☐ dobra　　　☐ doskonale

Uwagi dodatkowe

____

____

____

☆ ☆ ☆ ☆ ☆

Idealny pomysł na prezent dla początkujących i profesjonalistów

Dziennik danych strzelectwa sportowego

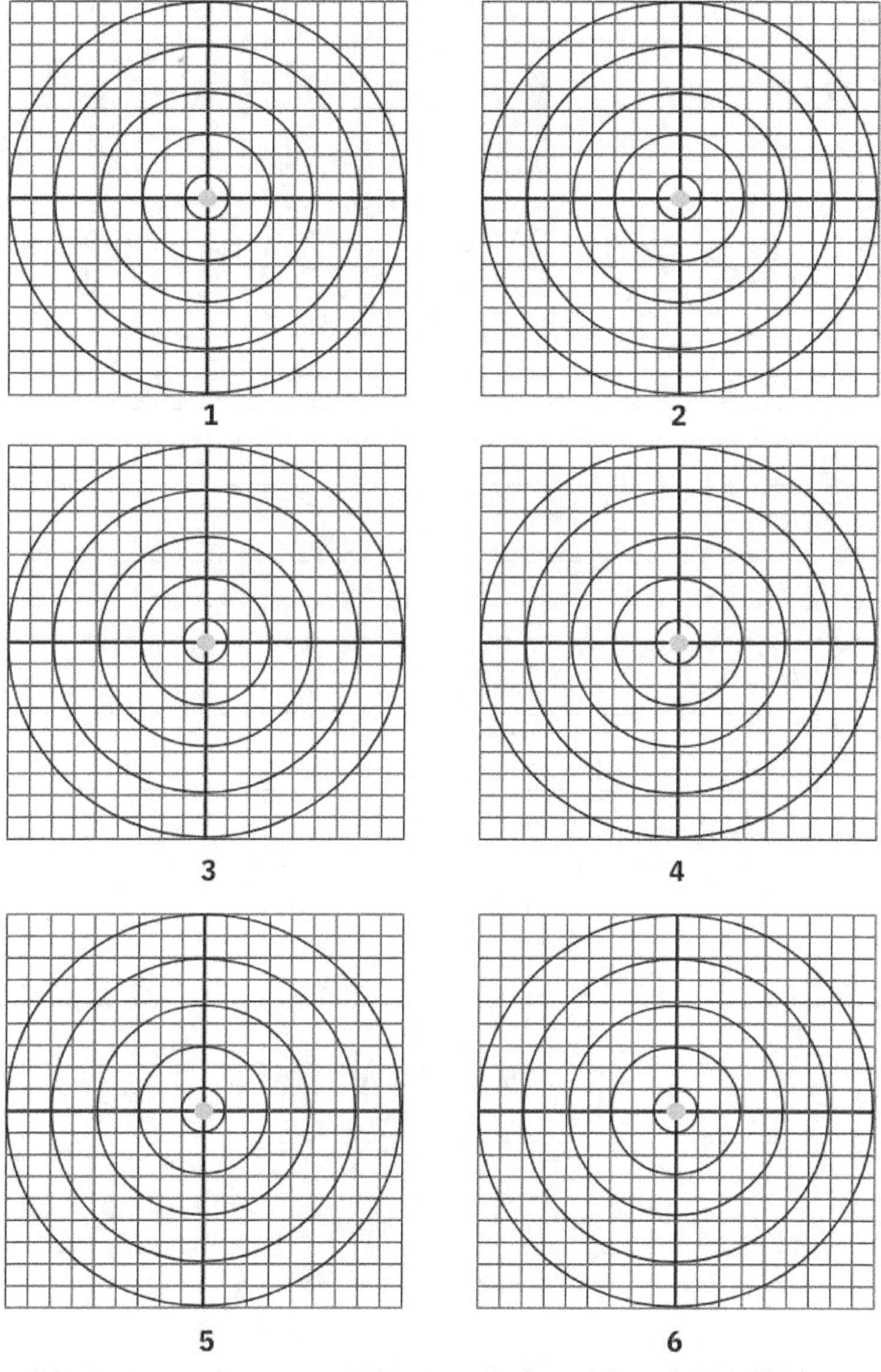

Idealny pomysł na prezent dla początkujących i profesjonalistów

Dziennik danych strzelectwa sportowego

📅 Data: _____________________ 🕐 Czas: _____________

📍 Lokalizacja: ____

Warunki pogodowe

☐ ☐ ☐ ☐ ☐ ☐ ▷ _______ 🌡 _______

Strażak:	
Pocisk:	Głębokość siedzenia:
Proszek:	Ziarna:
Podkład:	
Mosiądz:	
Odległość:	

Wyniki ogólne

☐ zły   ☐ targi   ☐ dobra   ☐ doskonale

Uwagi dodatkowe

____

____

____

☆ ☆ ☆ ☆ ☆

Idealny pomysł na prezent dla początkujących i profesjonalistów

Dziennik danych strzelectwa sportowego

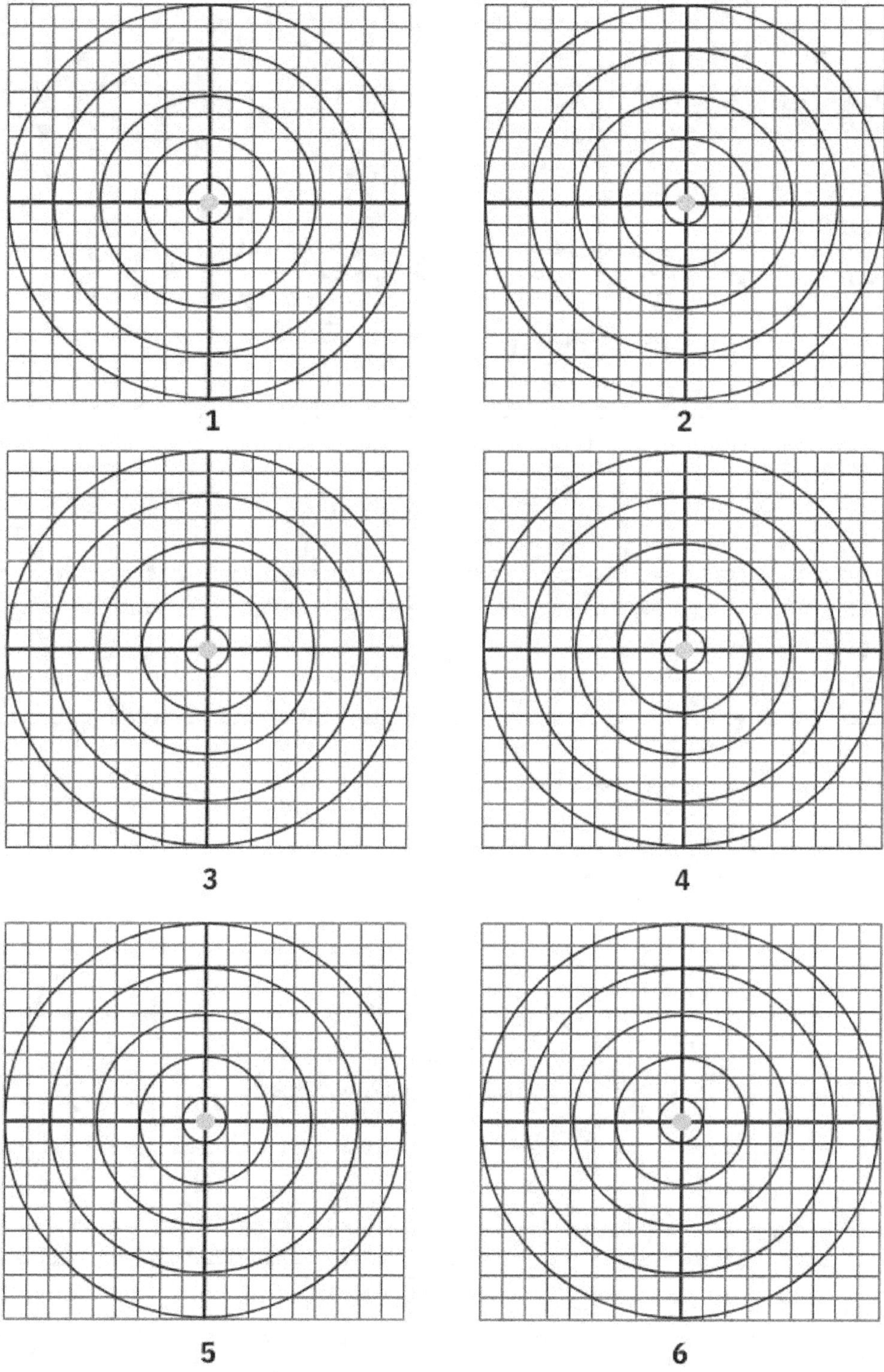

Idealny pomysł na prezent dla początkujących i profesjonalistów

Dziennik danych strzelectwa sportowego

📅 Data: _______________________   🕐 Czas: _______________

📍 Lokalizacja: ____

Warunki pogodowe

☐   ☐   ☐   ☐   ☐   ☐

Strażak:	
Pocisk:	Głębokość siedzenia:
Proszek:	Ziarna:
Podkład:	
Mosiądz:	
Odległość:	

Wyniki ogólne

☐ zły   ☐ targi   ☐ dobra   ☐ doskonale

Uwagi dodatkowe

____

____

____

☆ ☆ ☆ ☆ ☆

Idealny pomysł na prezent dla początkujących i profesjonalistów

Dziennik danych strzelectwa sportowego

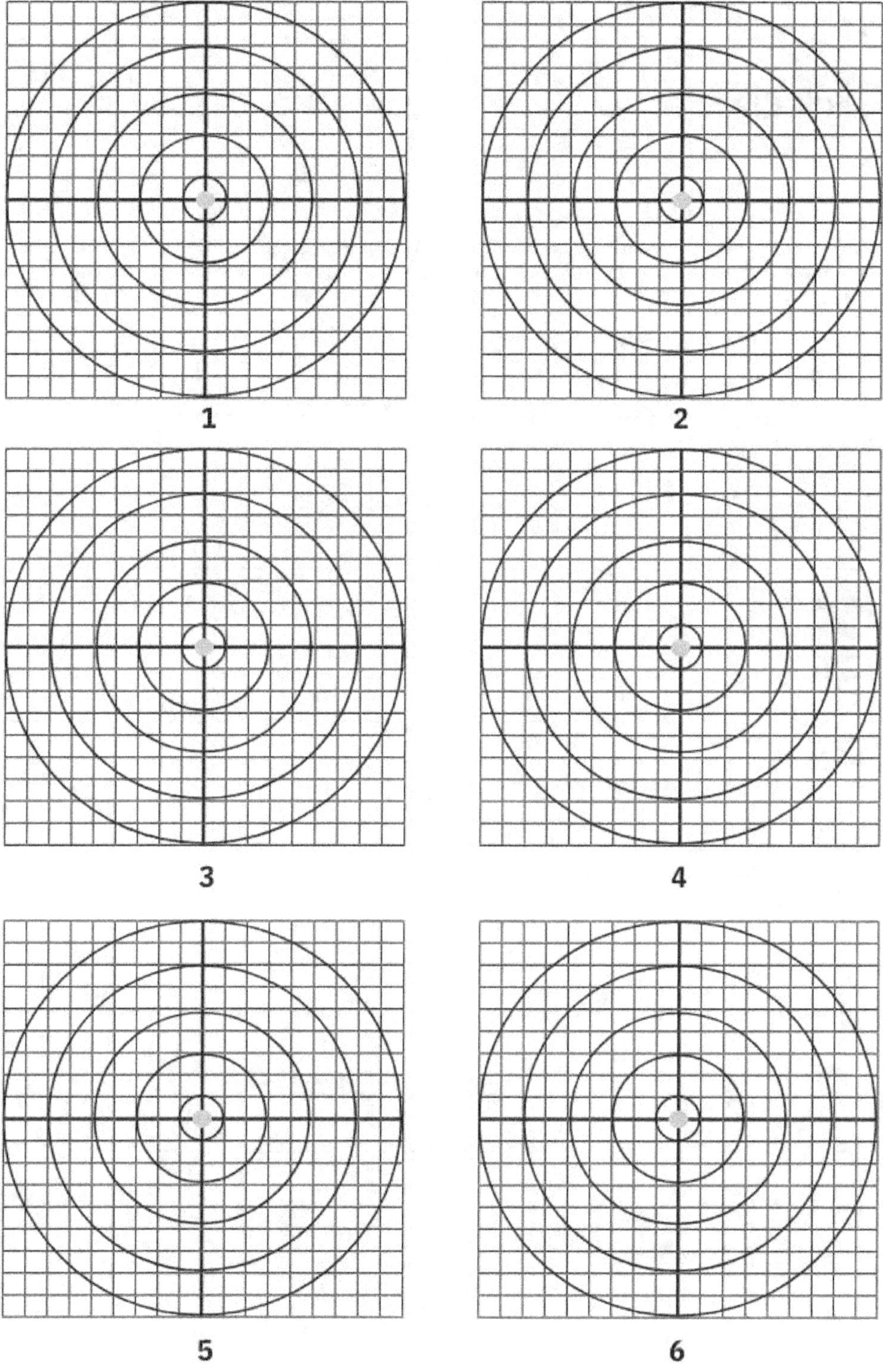

Idealny pomysł na prezent dla początkujących i profesjonalistów

Dziennik danych strzelectwa sportowego

📅 Data: _______________ 🕐 Czas: _______________

📍 Lokalizacja: _______________________________

Warunki pogodowe

☐ ☐ ☐ ☐ ☐ ☐ ___ ___

Strażak:	
Pocisk:	Głębokość siedzenia:
Proszek:	Ziarna:
Podkład:	
Mosiądz:	
Odległość:	

Wyniki ogólne

☐ zły   ☐ targi   ☐ dobra   ☐ doskonale

Uwagi dodatkowe

____

____

____

☆ ☆ ☆ ☆ ☆

Idealny pomysł na prezent dla początkujących i profesjonalistów

Dziennik danych strzelectwa sportowego

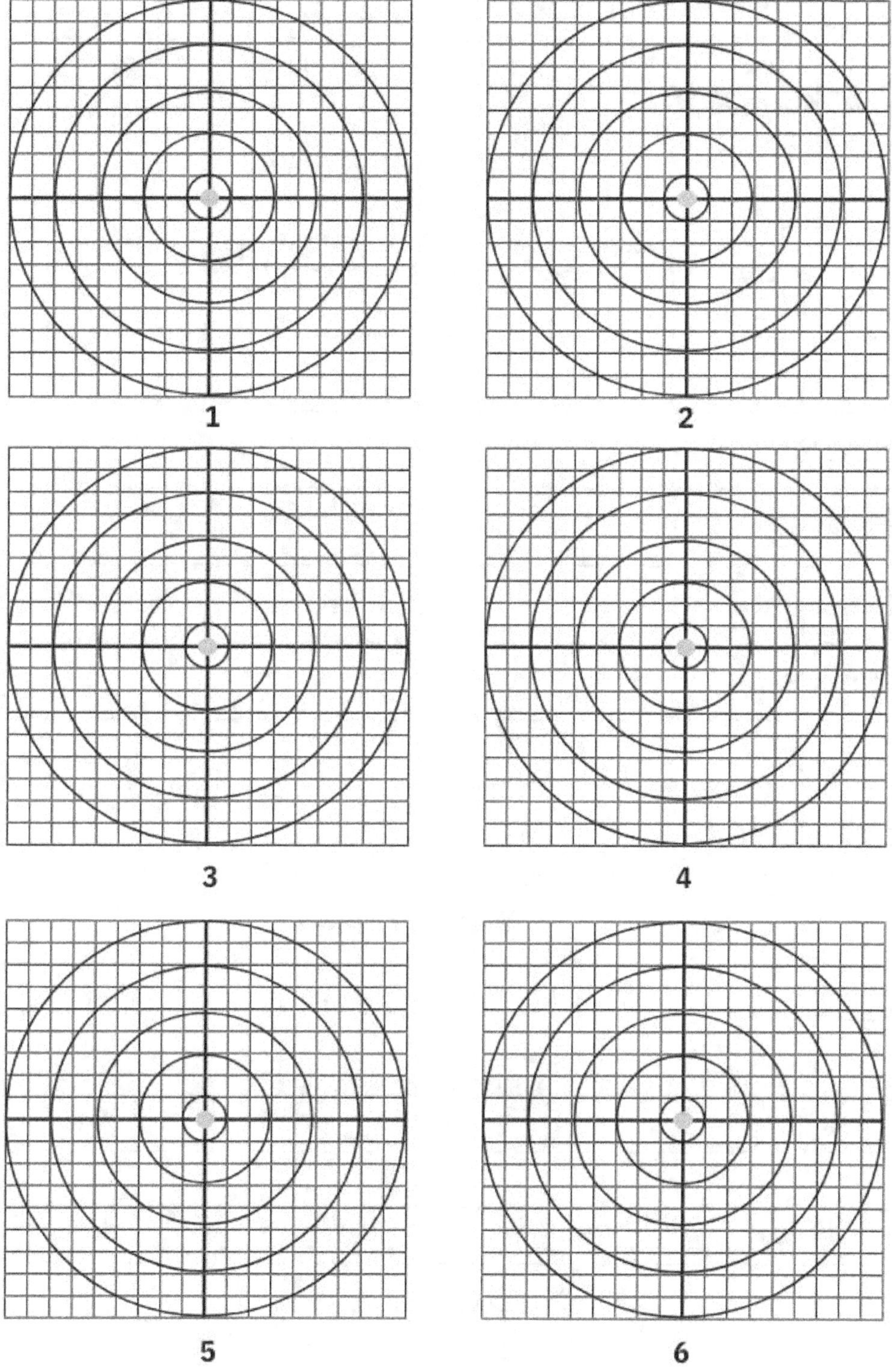

Idealny pomysł na prezent dla początkujących i profesjonalistów

Dziennik danych strzelectwa sportowego

📅 **Data:** ___________________ 🕐 **Czas:** ___________

📍 **Lokalizacja:** _________________________________

Warunki pogodowe

☐　　☐　　☐　　☐　　☐　　☐　　▭　　🌡

Strażak:	
Pocisk:	Głębokość siedzenia:
Proszek:	Ziarna:
Podkład:	
Mosiądz:	
Odległość:	

Wyniki ogólne

☐ zły　　　☐ targi　　　☐ dobra　　　☐ doskonale

Uwagi dodatkowe

____

____

____

☆ ☆ ☆ ☆ ☆

Idealny pomysł na prezent dla początkujących i profesjonalistów

Dziennik danych strzelectwa sportowego

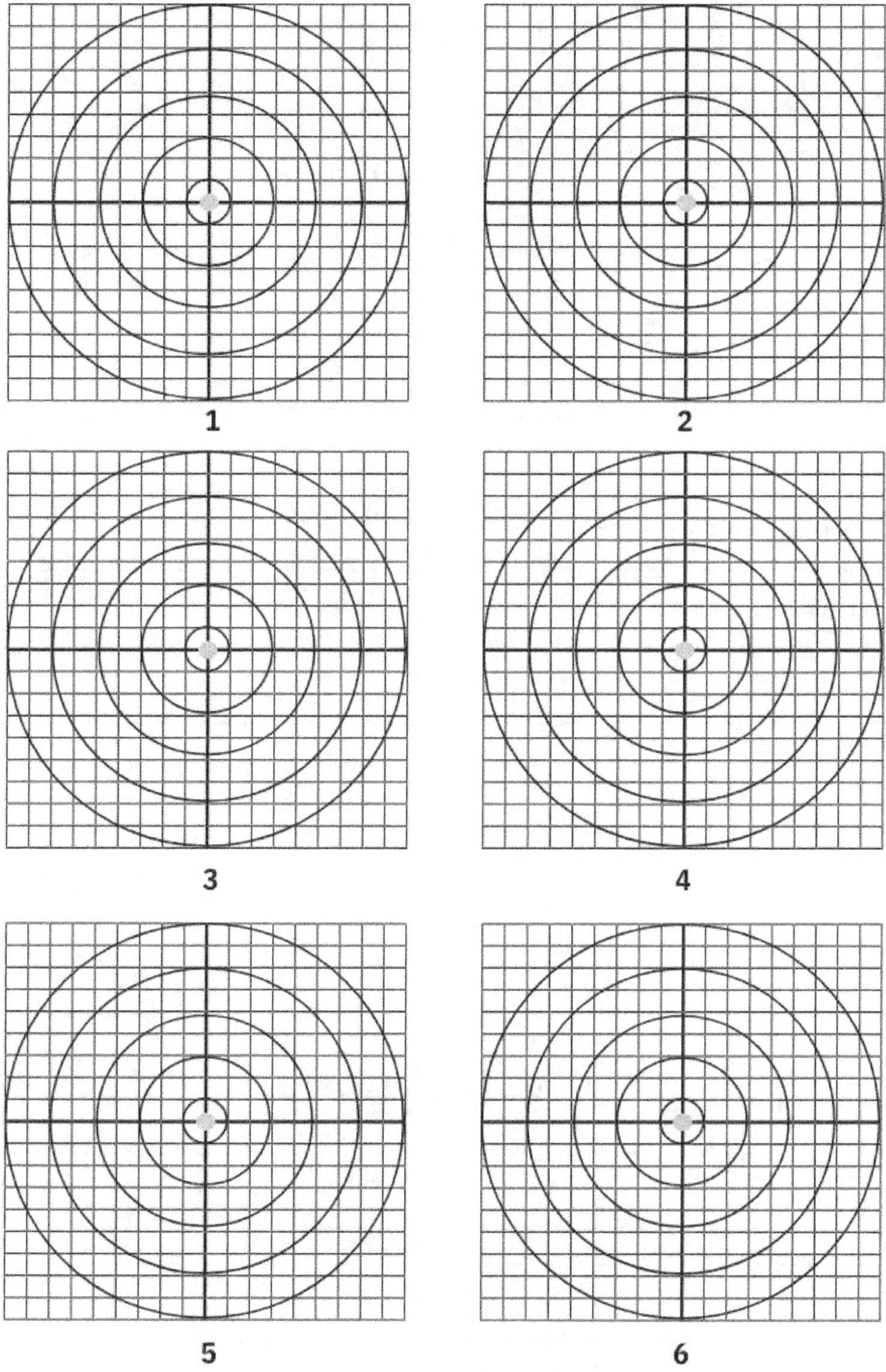

Idealny pomysł na prezent dla początkujących i profesjonalistów

Dziennik danych strzelectwa sportowego

📅 Data: _________________________ 🕐 Czas: _____________

📍 Lokalizacja: ____

Warunki pogodowe

☐ ☐ ☐ ☐ ☐ ☐ _________ _________

Strażak:	
Pocisk:	Głębokość siedzenia:
Proszek:	Ziarna:
Podkład:	
Mosiądz:	
Odległość:	

Wyniki ogólne

☐ zły   ☐ targi   ☐ dobra   ☐ doskonale

Uwagi dodatkowe

____

____

____

☆ ☆ ☆ ☆ ☆

Idealny pomysł na prezent dla początkujących i profesjonalistów

Dziennik danych strzelectwa sportowego

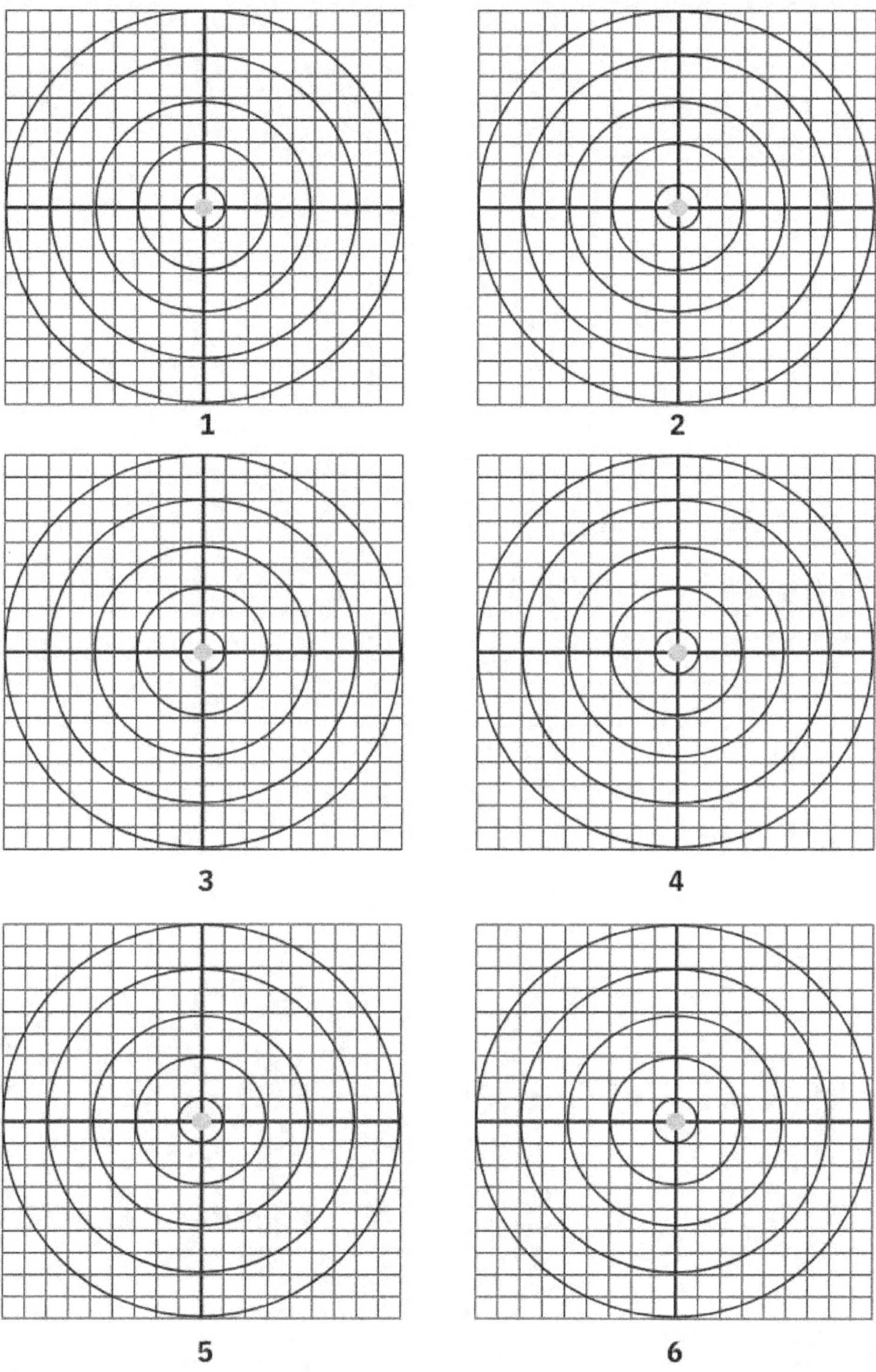

Idealny pomysł na prezent dla początkujących i profesjonalistów

www.ingramcontent.com/pod-product-compliance
Lightning Source LLC
LaVergne TN
LVHW041330200726
843509LV00009B/648